청소년을 위한 질문 수업

청소년을 위한 질문 수업

초판1쇄 인쇄 | 2021년 12월 10일
초판1쇄 발행 | 2021년 12월 15일

지은이 | 오정환·오은경·김상범
펴낸이 | 김진성
펴낸곳 | 벗나래

편 집 | 박부연
디자인 | 이은하
관 리 | 정보해

출판등록 | 2005년 2월 21일 제2016-000007
주   소 | 경기도 수원시 장안구 팔달로237번길 37, 303(영화동)
대표전화 | 02) 323-4421
팩   스 | 02) 323-7753
전자우편 | kjs9653@hotmail.com

Copyright©by 오정환·오은경·김상범

값 15,000원
ISBN 978-89-97763-42-9(43300)

청소년을 위한
질문 수업

오정환·오은경·김상범 지음

벗나래

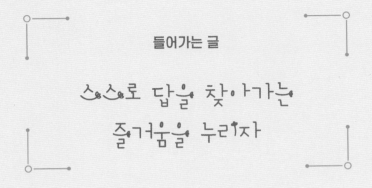

들어가는 글

스스로 답을 찾아가는
즐거움을 누리자

우리가 질문을 화두로 삼은 지 20여 년 가까이 됐다. 그동안 우리는 프로 코치로서 청소년부터 기업 CEO에 이르기까지 다양한 사람을 코칭하며 질문의 힘을 누구보다 깊이 경험했다. 이러한 경험을 바탕으로 코칭, 세일즈, 자기계발을 주제로 40권 넘게 책을 썼다.

이 책은 꿈을 찾지 못해 고민하는 청소년들에게 도움을 주고 싶은 마음에 썼다. 청소년들이 질문하며 꿈을 찾아가고, 꿈을 실현할 계획을 세우고, 스스로 문제를 해결하고, 사회 리더로 성장하도록 돕는 책이다. 수준 높은 질문을 하면 인생의 수준이 올라간다. 좋은 질문은 사람의 능력을 강화하고, 문제 해결 방법을 스스로 찾도록 유도하고, 실행 의지를 다지는 데 기여하기 때문이다.

이 책을 제대로 활용하려면 천천히 읽어야 된다. 모든 자기계발서가 그렇지만 독서 후 실천이 중요하기 때문이다. 그냥 '이런 질문 방법도 있구나!' 하며 지식을 얻으려는 독서는 의미가 없다. 또한 뭔가 확실한 해결책을 원해 이 책을 집어 들었다면 원하는 답을 얻는 데 실패할지도 모른다. 이 책은 이래라 저래라 정답을 제시하지 않기 때문이다. 질문이라는 도구를 활용하여 스스로 답을 찾아가는 과정이 이 책의 장점이다. 목표와 목표에 이르는 길에 정답이 없으니 당연하지 않은가.

1장은 올바른 삶의 태도가 무엇인지 고민하도록 이끌어준다. 부와 권력을 얻으면 성공한 인생인가? 세끼 밥을 굶으면서 하고 싶은 일을 하는 인생은 행복한가? 이런 질문에 정답은 없지만 각자 답을 찾아야 한다. 무엇보다 행복이다. 행복한 성공을 위하여 질문이 왜 중요한지 깨달을 수 있다.

문제 해결을 위하여 이 책을 읽기 시작했다면 2장이 도움이 된다. 2장은 절망스러운 순간에 희망을 찾는 질문, 문제 해결을 도와주는 질문, 창의력을 기르는 질문, 자신감을 찾는 질문, 부정적인 생각을 바꾸는 질문, 자신을 점검하고 약점을 고치는 질문법을 다루었다. 질문하며 스스로 답을 찾아가는 과정에서 여러분은 성장하고 있다는 사실을 깨달을 것이다.

미래의 꿈을 찾는 방법이 궁금하다면 3장이 도움이 될 것이다. 여러분이 중요하게 생각하는 것은 무엇인지, 인생의 목표는 무엇을 의미하는지, 원하는 결과를 얻기 위해 무엇을 해야 할지 답을 찾아가도록 안내

한다. 꿈을 찾아 실천 계획을 세웠지만 실행이 따라주지 못하면 의미가 없다. 계획대로 실천하려면 충동을 조절하고 의지력을 높여야 한다. 이런 방법을 찾고 있다면 도움을 얻을 것이다.

다른 사람과 소통에 어려움을 겪고 있거나 장차 리더가 되기를 꿈꾸는 청소년이라면 4장을 정독하기 바란다. 소통을 잘 하기 위해 무엇이 중요한지, 원활한 소통을 위해 질문은 어떤 역할을 하는지, 어떤 질문을 하고 어떤 질문은 하지 말아야 하는지, 질문을 하거나 들을 때 어떤 태도를 취해야 하는지 일러준다. 아울러 리더들은 어떻게 질문하여 다른 사람에게 동기를 부여하는지 눈여겨볼 필요가 있다. 친구나 후배에게 목표를 정하도록 이끌 수 있고, 해결 방안을 찾아 실천하도록 돕는 질문법을 배울 수 있다. 리더에게 리더십이 필요한 게 아니라 리더십이 있어야 리더가 된다.

5장에서는 효과적인 독서법을 소개한다. 질문이 어떻게 효과적인 독서를 가능하게 하는지 배우고 실천할 수 있다. 영상은 지식과 기술과 재미를 동시에 추구할 수 있어 간편하고 유용한 수단이다. 그런데도 독서를 강조하는 이유는 독서는 뇌를 활성화하고, 생각에 깊이를 더하게 하고, 창의력을 키우는 최고의 수단이기 때문이다. 책을 읽지 않으면 리더가 되려는 생각을 버려야 한다. 어느 시대를 막론하고 책 읽는 사람이 리더가 되었다.

여러분은 시키는 일을 하며 살 것인가 아니면 하고 싶은 일을 주도적으로 하며 살 것인가? 다른 사람이 가라는 길을 생각 없이 갈 것인가 아니면 갈 길을 스스로 결정할 것인가? 모쪼록 스스로 답을 찾아가는 즐거움을 이 책에서 느껴보기 바란다. 여러분이 자신의 꿈을 찾고, 꿈을 실현하는 과정에서 이 책이 나침반 역할을 한다면 정말 감사한 일이다.

대표 저자 오정환

Contents

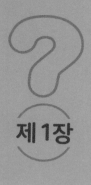

제 1장

왜 질문인가?

성공하면 행복한 걸까?

고등학교 2학년 진형이는 1학기 기말고사를 앞두고 부모님께 충격적인 선언을 했다. 학교를 그만두고 싶다고 했다. 평소 전교 10등 안의 성적을 유지하고, 학교 대항 축구 시합에서 주장을 맡아 승리로 이끌 만큼 리더십도 뛰어난 친구라 모두가 놀랐다.

모범생 진형이가 돌연 학교를 그만두고 싶은 이유가 무엇인지 아무도 알지 못했다. 문제는 갑자기 왜 모든 것이 무의미하게 느껴지는지 자신도 모른다는 것이었다. 진형이도 자신에게 사춘기가 늦게 찾아온 것은 아닌가 생각했다. 진형이는 답답함을 토로하며 이런 질문을 던졌다.

"선생님, 왜 공부해야 하나요? 왜 꼭 성공해야 해요?"
"그냥 편하게 살면 정말 불행해지나요?"

우리도 진형이의 질문에 각자의 답을 찾아보자.

1. 성공은 무엇인가?
2. 행복은 무엇인가?

성공과 행복이 서로 무슨 관련이 있을까? 성공하면 무조건 행복하다고 생각할 수도 있다. 성공과 행복은 아주 주관적인 느낌이기 때문이다. 사람마다 성공과 행복을 느끼는 기준은 다르다. 어떤 사람은 성공이라고 생각해도 다른 사람은 실패라고 생각한다. 어떤 친구는 82점을 받고 성공이라고 생각하고, 어떤 친구는 92점을 받고도 실패라고 생각한다.

행복도 마찬가지다. 어떤 사람은 친구를 얻으면 행복하고, 어떤 사람은 쇼핑하며 행복을 느낀다. 큰 집에 사는 것, 좋은 차를 타는 것, 높은 자리에 오르는 것, 봉사활동, 즐거운 가정, 좋은 성적, 종교활동, 취미활동 등에서 행복을 느끼기도 한다. 그러나 많은 기준이 주관적인 판단에 따른다 해도 확실한 사실이 있다. '행복한 성공'이 '진짜 성공'이라는 사실이다.

세끼 밥도 못 먹으며 행복하다면 그것은 게으름뱅이의 자기 최면이다. 자기 합리화일 뿐이다. 돈과 권력을 차지하려고 다른 사람을 짓밟고, 인정받고 싶어서 다른 사람에게 상처와 피해를 준다면 그것 또한 행복한 성공이 아니다. 이런 사람이 행복하다고 말한다면 뻔뻔스러운 도덕 불감증 환자일 뿐이다. 책을 막 읽기 시작한 여러분도 나름대로 성공의 의미를 생각하고 있을 것이다. 여러분은 성공과 행복을 무엇이라고 생각하는가. 성공과 행복이 서로 무슨 관계가 있다고 생각하는가.

《트리플 패키지》는 미국 예일대학교 교수인 에이미 추아(Amy Chua)와 제드 러벤펠드(Jed Rubenfeld)가 20년 동안 연구하여 성공에 필요한 세 가지 유전자를 밝힌 책이다. 저자들은 소수 집단만이 가진 세 가지 성공 비결을 '우월 콤플렉스', '불안감', '충동 조절'로 정리했다. 세 가지가 서로 결합하며 성공으로 이끈다는 것이다. 우월감과 불안감이 만나면 성공 욕구가 생기고, 우월감과 충동 조절이 만나면 시련을 이겨내는 힘이 생긴다고 한다. 하지만 저자들은 심각한 부작용도 경고한다. 성공에는 한계가 없기 때문에 어느 분야에서 경쟁하든 누군가는 나보다 앞서 있으며 용케 정상을 차지한다 해도 추락의 두려움과 과도한 야망으로 몰아가게 된다는 것이다. 극단적인 경우 출세에 눈이 멀어 법이나 윤리를 잊고 다른 사람에게 해를 끼치기도 한다고 한다.

성공의 의미

보통 사람이 말하는 성공, 예를 들어 돈과 명예와 권력을 쥐면 행복해야 하는데 사실 그렇지 못하다. 우리 옛말에 "천석꾼은 천 가지 근심이 있고, 만석꾼은 만 가지 근심이 있다"는 말은 허언이 아니다. 그러면 성공이란 무엇인가. 아래 랄프 왈도 에머슨의 시는 성공을 깔끔하게 정의하고 있다.

자주 그리고 많이 웃는 것
현명한 이에게 존경을 받고
아이들에게서 사랑을 받는 것.
정직한 비평가의 찬사를 듣고
친구의 배반을 참아내는 것.
아름다움을 식별할 줄 알며
다른 사람에게서 최선의 것을 발견하는 것.
건강한 아이를 낳든
한 평의 정원을 가꾸든
사회 환경을 개선하든
자기가 태어나기 전보다
세상을 조금이라도 살기 좋은 곳으로
만들어 놓고 떠나는 것.
자신이 한때 이곳에 살았으므로 해서
단 한 사람의 인생이라도 행복해지는 것
이것이 진정한 성공이다.

랄프 왈도 에머슨은 돈과 지위로 성공을 말하지 않았다. 성공이 소박하다. 그런데 시를 읽으면 읽을수록 진정한 성공이 만만치 않다는 사실을 깨닫게 된다.

행복한 성공은 이루어가는 과정도 행복해야 한다. 산 정상을 정복하기 위한 등산이 아니라 산을 오르는 과정을 즐겨야 한다. 그래야 성공했을 때도 행복하다. 미국 가수이자 멋진 노랫말로 유명한 밥 딜런 (Bob Dylan)은 성공을 "아침에 일어나서 밤에 잠자리에 들고 그 사이에 원하는 일을 한다면 성공한 삶"이라고 말했다.

성공이 주관적이듯 행복도 주관적이다. 하지만 한 가지 분명한 사실은 행복하지 않은 부·소비·권력·명예는 성공이 아니라는 것이다. 간디는 다음 7가지 관행이 우리를 파멸하도록 만든다고 말했다.

노동하지 않는 부

양심을 무시하고 느끼는 즐거움

성품에 기초하지 않는 지식

도덕성 없이 이루어지는 상거래

인간을 생각하지 않는 과학

희생 없는 종교

원칙 없는 정치

부, 즐거움, 지식, 상거래, 과학, 종교, 정치와 같은 훌륭한 목적을 부정한 수단으로 달성할 수 있다는 사실이 흥미롭지 않은가? 모두 성공의 요소들이지만 '노동하지 않는, 양심을 무시하고 느끼는, 성품에 기초하지 않는, 도덕성 없이 이루어지는, 인간을 생각하지 않는, 희생 없는, 원칙 없는'처럼 과정이 올바르지 않으면 결코 성공이 아니다.

사람은 언제 행복할까?

행복은 무엇일까?

사람은 언제 행복을 느낄까?

사람을 행복하게 하는 조건은 무엇일까?

이런 질문은 오래 전부터 철학의 중요한 주제였다. 소크라테스는 인간의 최고 목적은 행복에 도달하는 것이라고 했다. 아리스토텔레스도 인간의 최고선은 행복이라고 했다. 기원전 3~4세기에 걸쳐 등장한 스토아학파도 행복에 대해 말했다. 스토아학파는 참다운 행복은 모든 욕망을 버리고 어떤 사물에도 마음이 움직이지 않을 때 얻을 수 있다고 했다. 스토아학파는 욕망에서 해방되기 위해 금욕주의 생활을 강조했다.

스토아학파에 반대되는 에피쿠로스학파가 있다. 에피쿠로스학파

는 '행복은 곧 쾌락'이라고 주장하여 쾌락주의라 부른다. 에피쿠로스
는 기원전 4세기 중반 사람이다. 에피쿠로스 철학의 출발점은 인간은
쾌락을 추구하는 본성을 타고 났다는 데 기반한다. 따라서 쾌감은 선
이고 혐오감은 악이라고 본다.

인간이 쾌락을 추구하는 존재라는 것은 '불은 뜨겁고, 얼음은 차갑
고, 꿀은 달콤하다'처럼 명백한 사실이다. 그러나 쾌락, 예를 들어 게
임, 섹스, 음식, 알코올, 마약 같은 즐거움은 오랫동안 지속되지 않는
다. 인간은 쾌락을 즐길 필요가 있지만, 쾌락은 지속적인 행복의 기초
가 되기에는 완전하지 못하다는 사실을 잊어서는 안 된다.

에피쿠로스에 따르면 계속 행복을 주는 요인은 소유가 아니라 사
회적인 관계다. 독일 철학자 리하르트 다비트 프레히트도 《나는 누구
인가》에서 "인생의 행복을 얻기 위한 방법으로 수많은 지혜를 이야기
하지만 가장 중요한 것은 우정이다"라고 주장하며 사회적 관계의 중
요성을 강조했다.

현대의 많은 심리학자들은 행복은 그냥 받는 것이 아니라 본인이
적극적으로 나서서 개발해야 한다고 주장한다. 가만히 앉아서 행복을
기다리는 사람은 결코 행복을 얻지 못한다는 것이다. 리하르트 다비
트 프레이트는 《나는 누구인가》에서 행복을 얻기 위한 원칙을 다음과
같이 정리해 놓았다.

행복의 원칙

행복의 첫 번째 원칙은 활동성이다. 뇌는 무엇인가 몰두할 만한 일거리에 항상 목말라 있다. 정신이 멈추어 있으면 기분이 나빠진다. 정신을 사용하지 않으면 뇌 신경세포 뉴런들이 곧바로 사망하고 뇌는 위축된다. 이는 불쾌할 때도 나타나는 현상이다. 의욕 상실증은 곧바로 우울증으로 연결되기 쉬운데 이는 도파민 공급이 불충분하기 때문이다. 사람은 일을 해야만 행복에 필요한 활동성을 유지할 수 있다.

행복의 두 번째 원칙은 사회적인 삶이다. 친구나 파트너 관계 그리고 가족은 울타리를 형성하는데, 이 안에서 우리는 고양된 감정을 느낀다. 파트너와 체험을 함께 나눌 때 행복은 더욱 증폭되고, 아늑함을 느끼면 남성은 옥시토신이, 여성은 바소프레신이라는 호르몬이 분비된다. 사회적인 결속을 긴밀하게 지닌 사람은 위급이 닥쳤을 때 혼자가 아니다.

행복의 세 번째 원칙은 집중이다. 에피쿠로스는 제자들이 어떻게 하면 지금 그리고 여기 있는 것만을 생각하며 즐길 수 있는지 가르쳐주려고 많은 시간을 할애했다. 그는 예를 들어 꽃의 향기, 일정한 형상의 아름다움, 치즈 한 조각의 맛 따위를 대상으로 특정한 즐거움에 집중하면 기쁨이 늘어난다고 주장했다. 마찬가지로 다른 사람에게 집중적으로 관심을 쏟으면 쏟을수록 감정과 동정심도 함께 늘어난다. 뇌 연구 관점에서 말해보면 적어도 여러분 마음에 드는 의식상태가 있다면, 이를 끝까지 파헤치고 즐기라는 뜻이다. 때때로 미래를 생각해보는 일도 의미 있지만, 끊임없이 미래만을 생각하면 현재를 앗아가 버린다. 엉뚱한 미래를 위해 또 다른 계획을 짜느라 눈앞에 있는 행복을 제쳐 두고 허겁지겁 살아가기 때문이다.

행복의 네 번째 원칙은 현실적인 기대다. 행복은 기대하는 것이 무엇인지에 따라 좌우된다. 가장 빈번하게 저지르는 실수는 지나치게 큰 기대, 아니면 지나치게 작은 기대를 품는 경우다. 모두 불만족스러운 결과를 얻는다. 지나치게 큰 기대를 품으면 불필요한 스트레스에 시달리고, 반대일 때는 도파민 분비가 적기 때문에 의욕 상실과 무관심에 시달린다. 열정이 부족하면 기대를 더 낮추게 되고, 그래서 더 심한 의욕 상실에 빠져서 걷잡을 수 없는 악순환이 시작된다.

행복의 다섯 번째 원칙은 좋은 생각이다. 좋은 생각은 행복의 원칙 중에서 가장 중요한 원칙이다. '행복한 느낌이란 무엇인가?'에 에피쿠로스와 긍정심리학은 의견을 같이 하는데, 이는 우연이 아니다. 두 학파는 행복한 느낌을 '올바른' 생각과 감정이 가져다 준 당연한 결과로 보기 때문이다. 쾌락을 불러오고 불쾌감을 없애 주는 것이 곧 좋은 생각이다. 심리학자들은 흔히 "정말 행복에 사로잡힌 것처럼 행동해보세요. 그렇게 하다 보면 실제로 그렇게 됩니다!" 하고 말한다. 그러나 말처럼 쉬운 일이 아니다. 그래서 노력이 필요하다. 의식적으로 행복을 생각하고 좋은 것을 생각하려고 노력하면 정말 기분이 좋아진다.

행복의 여섯 번째 원칙은 행복을 찾기 위해 허둥대지 않는 것이다. 불행을 있는 그대로 태연하게 받아들이는 일은 인생살이에 꼭 필요하다. 불행의 한가운데에는 바람직한 그 무엇이 숨어 있는 경우가 적지 않기 때문이다. 끔찍한 고통을 겪는 수많은 환자가 병이 든 후에 오히려 더 삶을 진지하게 산다고 고백한다. 갖가지 위기, 곤궁함 심지어는 운명의 타격도 솟아날 구멍을 어딘가에 예비해 놓게 마련이다. 때로는 위기가 닥쳤을 때 오히려 더 나은 새로운 계기를 마련하는 경우도 있다. 문제는 위기를 전환점으로 만들 기회가 어디에 숨어 있는지 모른다는 사실이다. 탈출구가 보이지 않는 상황에서 불평을 늘어놓는 일은 가장 널리 퍼져 있는 불행의 형태지만, 긍정심리학의 입장에서 보면 새로운 출발점에 불과하다.

행복의 일곱 번째 원칙은 일에서 기쁨을 찾는 것이다. 일은 우리가 일정한 활동성을 유지하도록 강요하는 성격을 지니고, 사람이 많은 일을 해내기 위해서는 일정한 압박을 감수해야만 한다. 물론 모든 일이 다 그렇지는 않지만, 일 대부분은 가장 훌륭한 심리치료 방법이다. 실직자는 심리적인 자기치료의 가능성이 차단되어 어려움이 가중되게 마련이다. 일을 하지 않는 사람은 자기 자신을 쓸모없는 사람으로 여겨 무력증에 빠지기 일쑤며, 도파민과 세로토닌도 적게 분출된다. 이러한 관점에서 지그문트 프로이트는 '사랑하고 일을 할 수 있는 곳'에 행복도 있다고 보았다.

1921년 스탠퍼드 대학교의 심리학과 교수인 루이스 터먼 박사는 1910년 전후에 태어난 캘리포니아의 초등학생과 중학생 중에서 지능

지수가 135가 넘는 천재1,521명을 선발해 무려 80년 동안 이들이 어떤 삶을 살았고, 어떤 성격과 직업, 인생관을 가졌으며, 결혼이나 이혼은 했는지, 얼마나 건강했는지, 어떻게 생을 마감했는지 등 인생 전체를 총체적으로 추적하고 분석했다. 터먼은 이 아이들이 각계 최고 엘리트로 성장해 성공적 인생과 영웅적 지위를 누릴 거라고 장담했다. 하지만 터먼의 예상과는 달리 천재들은 대부분 평범하게 자랐다. 터먼은 "성공은 지능이 아니라 성격과 인격, 기회 포착 능력이 좌우한다"고 결론지었다.

터먼 박사의 오랜 연구를 이어받은 〈수명연구 프로젝트〉의 후배 연구자들은 이후 장수에 대한 새롭고도 놀라운 사실을 밝혀냈다. 이 연구는 장수에 영향을 끼치는 여러 가지 요인을 밝혀냈는데, 크게 분류하면 성실성과 감성지능이었다. 성실한 사람이 장수한다는 사실은 지극히 상식적이다. 근검절약하고 끈기 있는 사람, 세세한 부분까지 신경 쓰는 사람, 책임감 있는 사람이 가장 오래 살았다. 성실한 사람은 약물, 흡연 따위도 멀리하고, 교통법규를 잘 지키고, 음주 운전도 하지 않으니 장수에 유리하다. 또한 성실한 사람은 안정적인 결혼 생활을 유지하고, 근무환경도 더 좋을 확률이 높고, 주변에 성실한 친구들이 많아 오래 살 가능성이 높다.

또한 인간관계 능력, 즉 다른 사람과 정서적으로 교감하며 관계를 맺는 능력이 좋으면 장수했다. 마음을 주고받는 의사소통, 즉 자신의 감정을 다른 사람들에게 잘 전달하는 능력이 뛰어난 사람들이 자기

분야에서 리더가 됐다. 의사소통 능력이 뛰어난 사람은 열정, 정서적 유대감, 사교 기술을 두루 갖추고 있기 때문에 건강하게 살 수 있는 기질이 본래부터 내재되어 있다고 볼 수 있다. 정서적 사교성이 탁월하고 마음을 주고받는 의사소통 능력이 능한 사람들은 감정을 효과적으로 다루는 기술이 있기 때문에 오랫동안 행복하고 건강하게 살 수 있었다.

우리는 대부분 성공하기 위해 많은 노력을 한다. 하지만 행복을 찾기 위해서는 별다른 노력을 하지 않는다. 성공은 노력으로 성취할 수 있다고 생각하지만 행복은 노력해도 되지 않는다고 생각하기 때문이다. 그러나 '행복이 무엇인가'를 질문한 많은 철학자와 심리학자가 제시한 행복의 원칙은 사실 성공적인 삶을 유지하는데도 필수적인 원칙이다. 자신이 하는 일을 즐기고, 그 일에 집중한다면 십중팔구는 성공하지 않겠는가. 행복의 원칙이 곧 성공의 원칙인 셈이다. 그러므로 성공을 위해 행복을 포기하는 일은 없어야 한다. 행복을 위해 미래를 향한 꿈과 노력하는 삶을 포기하는 일 또한 없어야 한다. 우리는 앞으로 성장하면서 성공적인 삶과 행복한 삶이 동행할 수 있는 길을 찾아가야 한다.

행복은 어떻게 성공으로 이끌어 줄까?

사람은 행복한 마음과 불행한 마음을 지닌다. 좋은 기분과 나쁜 기분을 느끼기도 한다. 이렇게 상반된 기분 상태가 되면 몸 안에서 완전히 다른 호르몬이 분비된다. 학자들은 이런 상황을 설명하기 위해 원시시대까지 거슬러 올라간다. 기분에 따라 호르몬 분비가 다른 이유는 오래 전부터 그렇게 진화했기 때문이라는 것이다.

스트레스 반응은 사냥과 채집으로 살아가던 원시시대부터 진화했을 가능성이 높다. 자연 선택이 이와 같은 반응을 형성하는 데 큰 영향을 주었다. 왜냐하면 스트레스에 효과적인 반응 체제를 갖추지 못한 사람은 일찍 죽어서 자손을 남기지 못했을 테니까. 포식자, 자연재해, 다른 종족과의 싸움 따위가 우리 조상들이 마주한 무시무시한 위협이었다. 이러한 위협은 남녀모두에게 동일하게 작용했을 것이다. 스트레스 상태에서 심장박동이 빨라지고, 혈압이 올라가고, 땀이 나고, 손이 떨리는 현상은 매우 흔한 반응이다.

스트레스 호르몬은 건강에 좋지 않다. 생체 시스템의 균형을 깨뜨려 면역력을 떨어뜨리고, 암과 심장병을 비롯하여 모든 질병에 영향을 끼친다. 반면 행복하거나 긍정적인 심리 상태가 되면 건강에 좋은 호르몬을 분비한다. 웃음치료가 인기를 끄는 이유도 기분이 좋으면 몸에 좋은 호르몬이 분비되기 때문이다. 미술이나 음악 같은 예술도 사람을 긍정적인 정서로 바꿔주는 역할을 한다.

행복이 성공으로 이끄는 심리학 증거

미국 미시건 대학교 프레드릭슨(Fredrickson, Barbara) 교수는 긍정적인 정서는 진화를 거치면서 중대한 목표가 있다고 주장한다. 긍정적 정서는 지적· 신체적· 사회적 자산을 계속 만들어 내어 위기에 처할 때와 기회가 있을 때마다 활용한다는 것이다. 우리는 긍정적일 때 다른 사람들이 우리를 더 좋아하게 되어 우정· 애정· 유대감이 돈독해질 가능성이 매우 높다. 정신작용도 활발해지고 인내심과 창의력도 커진다. 새로운 사상과 낯선 경험에도 마음을 열게 된다. 이런 상태라면 성공 가능성이 높지 않겠는가. 행복이 성공을 이끈다고 주장하는 이유다.

그렇다면 인위적으로 기분 좋은 상태를 만드는 방법은 없을까? 윌리엄 제임스(William James)라는 심리학자는 이미 100여 년 전 《심리학의 원리》에서 가설을 세웠다. 기분이 나쁘지만 의도적으로 좋은 감정 상태를 만들려면 입술을 올리며 미소 짓고, 벌떡 일어나 신나는 생각을 하고, 활기차게 움직이라는 것이다. 그야말로 가설뿐이었던 것을 제임스 레어드(James Laird)는 과학적 실험을 통해 이를 증명했다. 레어드 실험 내용은 리처드 와이즈먼(Richard Wiseman)이 쓴 《립잇업》에 잘 나와 있다.

레어드는 피실험자들에게 안면 근육의 전기적 반응을 검사하는 실험을 하겠다고 설명하면서 눈썹 가운데, 입 가장자리, 턱 가장자리에 전극을 붙였다. 감정 변화가 실험 결과에 영향을 줄 수 있으니 오류를 방지하기 위해 실험하는 동안 일어나는 감정 상태의 변화를 알려달라고 했다. 이 실험에서 전극은 사실 가짜였다. 그것은 피실험자들이 자연스럽게 웃거나 찡그리도록 만들기 위한 핑곗거리였다. 이를테면 눈썹 사이에 전극들이 맞닿게 해서 화난 표정을 유도하고, 턱 주위에 붙은 전극들을 맞닿게 해서 자연스럽게 입을 꽉 다물도록 했다. 그리고 입 꼬리 부근은 전극들을 귀 쪽으로 잡아당기도록 함으로써 웃는 표정을 짓도록 했다.

이렇게 특정한 표정을 짓도록 해 놓고 레어드는 사람들에게 공격, 불안, 기쁨, 후회 같은 다양한 항목으로 된 감정 목록을 보여주었다. 실험자들이 다양한 표정을 지을 때 든 느낌을 감정 목록에서 지목해보도록 했다. 결과는 놀라웠다. 100년도 훨씬 전에 제임스가 예측한 그대로 사람들은 웃는 표정을 지으면 행복감을 느꼈고, 찡그리면서 분노를 느꼈던 것으로 드러났다.

실험을 모두 마치고 나서 레어드는 피실험자들과 면담하면서 실험을 하는 동안 다양한 감정을 느낀 이유를 물어보았다. 하지만 특정한 표정을 지었기 때문이라고 대답한 사람은 거의 없었다. 대부분이 이유를 제대로 설명하지 못했다. 한 사람은 실험 중 지은 찡그린 표정을 이렇게 설명했다.

"화가 날 이유는 하나도 없었어요. 그냥 이상하게도 화가 나는 생각이 들더라고요. 물론 말도 안 되죠. 실험 중이라는 것도, 화를 낼 아무런 이유도 없다는 사실을 잘 알고 있었으니까요. 하지만 그땐 어쩔 수 없었어요."

표정과 감정의 상관관계

이런 사실에 관심을 가진 또 다른 사람은 폴 에크먼(Paul Ekman)이다. 에크먼은 단순한 표정 변화로 감정을 바꿀 수 있다는 사실에 호기심을 느꼈다. 표정과 감정 상태의 상관관계를 깊이 연구한 에크먼은 그의 저서 《얼굴의 심리학(Emotions Revealed)》에서 특정한 표정을 지으면 감정 상태에 변화를 일으킨다는 사실을 밝혔다. 우리가 어떤 감정 상태가 되면 감정은 우리 뇌의 일부에 변화를 일으켜 심장박동률, 호흡, 땀 흘림을 비롯하여 많은 생리적 변화를 준다. 감정은 신호를 내보내서 표정, 목소리, 몸짓에 변화를 일으키기도 한다. 이러한 변화는 우리가 선택하지 못하고 자연스럽게 일어난다. 여기서 감정이 표정, 목소리, 몸짓에 변화를 일으킨다는 사실에 주목하자. 에크먼은 반대로 표정, 목소리, 몸짓에 변화를 주면 감정 상태를 바꿀 수 있다고 결론을 내렸다. 그 이후 많은 심리학자가 연구하여 알아낸 사실은 이렇다.

- 씩씩하게 걸으면 행복감이 높아진다.
- 춤과 같은 부드러운 동작은 행복감을 올려준다.
- 부드러운 악수를 하면 높은 행복감을 느낀다.

표정이 중요하다. 웃는 표정을 지으면 행복하다. 긍정적이고 행복한 마음을 품으면 성공할 가능성이 더 크다. 성공한 다음에도 성공을 지속하는 토대가 된다. 긍정적이고 행복한 사람은 어려운 일을 만나더라도 위기라고 생각하지 않고 기회라고 생각한다. 결국 행복한 성공은 더 큰 성공으로 이끌어 준다.

지금까지 진정한 성공의 의미와 행복한 인생을 살기 위한 여러 가지 조건을 알아보았다. 부와 명예 같은 세속적인 성공이 곧 행복을 결정하지 않으며, 주관적으로 행복하다고 해서 반드시 성공적인 인생이 아니라는 사실도 깨달았다.

이제 진형이의 질문인 '성공은 무엇인가?', '행복은 무엇인가?'에 답을 줄 차례다. 그날 진형이와 코치는 이런 대화를 나누었다.

"진형아, 너는 성공이 뭐라고 생각하니?"

"당연히 돈을 많이 벌어서 걱정 없이 사는 것 아니에요?"

"그럴 수 있지. 그런데 만약에 돈은 많은데 행복하지 않다면?"

"아, 모르겠어요. 엄마는 분명히 돈이 많으면 행복하다고 하셨던 거 같아요."

"네 생각은 어때? 너에게 행복은 무엇인 것 같아?"

"선생님, 사실 저는 어려운 일을 겪는 친구들을 돕는 게 즐거워요. 제가 뭔가 좋은 사람이 된 것 같고, 정말 뿌듯하거든요. 저는 앞으로도 계속 이렇게 살고 싶어요. 그런데 부모님은 무조건 공부해서 의사가 되라고 하세요. 저는 피를 보는 게 무섭고 싫어요. 남자가 뭐 그런 걸 무서워하냐고 놀릴까 봐 말하기도 창피해요. 전 의사로 살고 싶지 않아요. 그냥 다 싫어요. 시험이 코앞인데 책이 하나도 눈에 들어오지 않고 그냥 다 싫어요."

진형이는 자신이 하고 싶은 일이 무엇인지 어렴풋하게 윤곽을 잡았다. 주위에 있는 사람을 도울 때 뿌듯함을 느꼈고, 그런 일을 하면 행복했다. 피를 보는 일을 싫어한다는 사실도 알았다. 이날 대화가 끝나고 진형이는 과제로 자신이 좋아하는 일을 하면서도 부모님의 기대에 부응하는 방법을 좀 더 자세하게 알아보겠다고 했다.

성공한 사람은
어떤 질문을 할까?

우리는 끊임없이 질문하고 대답하는 방식으로 자신과 대화한다. 이 대화는 내가 의도적으로 바꾸지 않는 한 자동으로 계속된다. 그럴 때마다 성공한 사람들이 자신에게 한 질문을 의도적으로 여러분 자신에게 적용하면 지루하지 않고 기대와 설렘을 느끼며 답을 찾을 수 있다.

같은 환경, 다른 인생

《12살에 부자가 된 키라》시리즈로 유명한 보도 섀퍼가 쓴《돈》이라는 책에 두 사람을 칼로 찔러 죽인 한 청년의 이야기가 나온다. 청년은 어린 시절 항상 술에 취해 어머니를 때리는 아버지와 함께 아버지가 훔쳐온 물건으로 생활을 했다. 그런 환경에서 자란 청년이 여섯 살 때 도둑질을 시작한 사실은 어쩌면 당연한 수순일지 모른다. 이후 그는 살인미수로 복역을 한 전과자에서 진짜 사람을 죽인 살인자가 된다. 청년은 자신의 이야기를 이렇게 끝맺었다.

"이런 환경에서 자란 내가 다른 무엇을 할 수 있었겠습니까?"

이런 질문을 품고 자란 청년이 어떻게 다른 선택을 할 수 있었겠는가. 그런데 재미있는 사실이 하나 있다. 그에게는 쌍둥이 형이 있었다. 놀랍게도 형은 완전히 다른 삶을 살고 있었다. 유능한 변호사가 되어 주변의 높은 신망을 얻고, 지역 사회에서도 큰일을 하며 결혼을 해 행복한 가정을 꾸렸다. 사람들이 도대체 어떻게 이런 성공을 일구어냈는지 물었을 때, 형 또한 불우한 환경을 이야기했고, 형은 자신의 이야기를 이렇게 마무리했다.

"그런 것들이 어떤 결과를 가져오는지 그렇게 오랫동안 겪은 내가 달리 무엇을 할 수 있었겠습니까?

두 형제의 질문에서 다른 점은 무엇인가? 살인자가 된 동생은 "나는 왜 이런 상황에 놓이게 되었을까?" 하는 질문에 집중했고, 상황을 바꾸고 싶은 형은 "어떻게 하면 이 상황에서 벗어날 수 있을까?" 하는 질문에 집중했던 것이다.

성공한 사람은 습관적으로 하는 '질문'이 다르다. 성공하는 데 질문이 왜 필요한지 궁금할 것이다. 예를 들어 보자. '나는 왜 이 모양이지?'와 '또 다른 방법은 없을까?'는 어떤 일에 실패한 후에 하는 흔한 질문이다. 하지만 결과는 정반대다. 질문한 사람에게 미치는 영향이 하늘과 땅 차이다. '나는 왜 이 모양이지?' 하고 질문한 사람은 더 이상 새로운 일을 시도할 에너지를 얻지 못하지만, '또 다른 방법은 없을까?' 하고 질문한 사람은 에너지를 얻는다. 실패에서 교훈을 얻고 끊임없이 새롭게 시도한다. 그러므로 어떤 질문을 하느냐에 따라 실패 후 상황이 달라진다.

질문 수준이 높으면 삶의 수준이 올라간다

질문의 수준이 생각의 수준을 결정한다. 질문 수준이 높으면 삶의 수준이 높아진다. 누구나 인생에서 한번쯤은 실패를 경험할 것이다. 이때 어떤 질문을 하느냐에 따라 실패 후 내 딛는 발걸음이 다르다. 다음 질문을 보자.

- "그렇지, 내가 하는 일이 뭐 잘되는 일이 있겠어?"
- "이젠 내가 무엇을 할 수 있겠어?"
- "왜 나는 한 번도 성공하지 못하는 거야?"
- "왜 하필 나지?"
- "왜 하필이면 내가 이렇게 된 거지?"
- "내 팔자는 왜 이러지?"

이렇게 부정적인 질문만 늘어놓으면 앞으로 한 발자국도 내딛지 못한다. 실패한 자리에 몸과 마음을 꽂아 놓은 채 다른 시도를 해볼 생각은 하지 않고 계속 부정적인 생각에 휩싸인다.

그러나 다음과 같이 긍정적인 질문을 하면 실패 후 내딛는 발걸음에 에너지가 넘친다.

- "이번 실패에서 내가 얻은 것은 무엇인가?"
- "이 실패를 거울삼아 내가 할 수 있는 일은 무엇일까?"
- "다른 방법은 무엇인가?"
- "다음에는 어떻게 하면 성공할 수 있을까?

긍정적인 질문을 하는 사람은 결코 포기하지 않는다. 뭔가를 계속 시도한다. 끊임없이 새로운 방법을 찾는 사람이 결국 성공한다. 세상 이치가 그렇다. 계속 시도를 하던 포기를 하던 분명한 사실은 질문하는 태도에 달려 있다는 것이다. 어떤 질문은 끊임없이 시도할 에너지를 공급하고, 어떤 질문은 절망적인 무기력 상태로 만든다. 질문이 성공과 실패를 좌우한다.

《질문의 7가지 힘》을 쓴 도로시 리즈는 자신을 질문하기 좋아하는 사람이라며 질문 덕분에 시대를 앞서갔다고 말했다. 도로시 리즈는 어떤 질문을 했을까?

내 인생에서 일어난 중요한 사건들은 대부분 질문을 한 결과였다. 나 스스로 대답을 구하는 질문을 할수록 결과는 점점 나아졌다. 많은 사람이 그렇듯, 처음부터 완벽한 직업을 찾은 것은 아니었다. 많은 직업을 섭렵했다. 한때는 뉴욕 시 공립학교 교사를 지내기도 했다. 가르치는 일을 아주 좋아했지만 뭔가 부족한 것 같은 기분을 느꼈다. 내가 원하는 것만큼이 아니었고, 뭔가가 더 있을 것이라고 느꼈다. "무엇이 부족한가?" 하고 계속 질문했다.

나는 교사가 되기 전에 배우 생활을 했고 연기를 사랑했다. 하지만 그때도 역시 충분히 만족할 수 없었다. 완벽한 직업 찾기를 계속하면서 끊임없이 "어떤 직업이 내 적성에 맞을까?" 하고 질문했다. 지금까지 해온 일들은 모두 훌륭했지만 내 적성에는 맞지 않았다.

그래서 나는 구체적인 질문을 하기 시작했다. "나는 무슨 일을 하고 싶은가?", "과거에 해본 일 중에 마음에 드는 일은 무엇인가?", "나는 어떤 일에 재능을 갖고 있는가?" 오랫동안, 때로는 힘든 질문과정을 거친 후 마침내 나는 가르치는 일과 연기를 좋아한다는 것을 알았다. 다행이 나는 양쪽 분야에 재능이 있었을 뿐 아니라 실제로 그런 역할을 즐겼다.

그다음에는 "이 두 가지 재능을 어떻게 연결할 수 있을까?" 하고 물었다. 그래서 머리에 떠오른 직업이 전문 연사였다. 그때까지 나는 전문 연사가 되리라고 생각해 본 적이 없었지만 지금은 다른 일을 한다는 것은 상상조차 할 수 없다. 나는 내 직업에 만족하고 있고, 나는 내 재능을 마음껏 발휘할 수 있는 매 순간을 사랑한다.

도로시 리즈 뿐 아니라 성공한 사람은 질문으로 자신의 삶을 이끌었다. '행복한 성공을 위하여 어떻게 살아야 할까?' 하고 질문하고, 답을 찾으려고 노력하지 않으면 어떻게 원하는 삶을 실현하겠는가.

《부자가 되려면 부자에게 점심을 사라》를 쓴 혼다 겐은 질문으로 부자가 된 대표적인 사람이다. 어려서부터 그는 '돈 버는 법'에 관심이 많아서 성공한 사업가들에 관한 이야기에 많은 흥미를 가졌다. 혼다 겐은 대학 시절 여러 분야에서 성공한 사람들을 꼭 만나고 싶었고, 성공한 사람들에게 한 번 보고 싶다고 편지로 썼다. 만날 기회가 되면 다음과 같은 질문을 했다.

- "선생님께서는 어릴 때 어떤 생각을 하셨습니까?"
- "어떤 책이 도움이 됐습니까?"
- "어떤 사람을 만나셨습니까?"
- "인생의 목표는 무엇이었습니까?"

혼다 겐은 성공한 사람을 만나서 얻은 정보를 그대로 실천하며 성공한 사람을 따라 살려고 노력했다. 이런 과정에서 수많은 부자를 만나 질문하며 돈 버는 법을 배웠다. 혼다 겐은 "어떻게 질문하면 그들이 기쁘게 대답을 하는지 터득하게 되었다"고 고백했다. 혼다 겐은 질문하여 답을 얻고, 얻은 답 그대로 실천했다.

질문을 하면 목표와 계획을 세울 수 있고, 계획을 성취하는 지혜를 얻을 수 있다. 질문은 자기 자신을 점검할 수 있는 기회를 주어 더 낫고 풍성한 삶을 살도록 해준다. 질문에 따라 삶이 후회와 절망으로 바뀌기도 하고, 희망과 성공으로 바뀌기도 한다.

제2장

나를 찾아가는 질문

절망스러운 순간에 희망을 찾는 질문

승지는 일반고 2학년이다. 초등학교 때부터 과학에 흥미가 있어 과학자가 되는 게 꿈이었다. 과학고를 갈 정도의 실력은 아니지만, 고등학교 1학년 때부터 과학 동아리를 만들어 활동하면서 과학자의 꿈을 포기하지 않았다. 2학년 여름 방학이 끝나면서 승지는 과학자가 자신의 진짜 꿈이 아니라는 사실을 발견했다. 댄스 가수가 되고 싶어졌다. 그리고 부모님께 댄스 학교에 진학하고 싶다고 선언했다. 물론 부모님은 깜짝 놀랐다. 자기 의견을 받아주지 않자 승지는 자해를 시도했다.

사람마다 시간관이 다르다. 어떤 사람은 '현재'에 초점을 맞춘다. 미래에 높은 지위에 오르거나 부자가 되려고 현재를 희생하지 않는다. 현재를 즐기고 행복하면 그만이다. 반면 '미래'에 초점을 두는 사람이 있다. 현재의 쾌락을 절제하며 미래를 위한 준비가 마땅하다고 생각한다.

6가지 시간관

현재에 초점을 맞춘 사람은 지금 당장 즐겁고 행복해야 한다. 극단으로 흐르면 미래를 전혀 생각하지 않는 쾌락주의자가 된다. 반면 미래에 초점을 맞추면 현재의 즐거움보다 미래에 얻을 보상에 더 관심이 간다. 현재 욕구를 뒤로 미룬다. 평생 '인간의 시간관'을 연구한 미국 스탠퍼드 대학교 심리학과 교수인 필립 짐바르도로(Philip Zimbardo)는 존 보이드(John Boyd)와 함께 쓴 《타임 패러독스》에서 시간관을 6가지로 구분하고 특징을 다음과 같이 정리했다.

〈과거 긍정적 시간관〉

사람이 과거에 영향을 받는다면, 실제 일어난 과거 사건이 아니라 사건을 어떻게 해석하느냐에 달렸다. 과거 긍정적 시간관은 과거 사건의 객관적인 기록이 아니라 과거를 생각하는 태도가 긍정적이라는 뜻이다. 과거를 긍정적으로 보는 태도는 실제로 경험한 긍정적인 사건을 반영하거나, 혹은 역경의 경험에서 최선을 끌어내는 긍정적 태도를 반영한다. 심리학적으로 볼 때 과거에 일어났다고 믿는 일은 실제 일어난 일보다 현재의 생각이나 감정, 행동에 더 많은 영향을 미친다. 혐오스러운 사건을 경험했지만 이를 긍정적인 방식으로 회상하는 사람은 쾌활하고 낙천적인 성향을 띤다. 이런 사람은 과거를 되새김질하며 우울증이나 화병에 걸리는 일이 적다. 과거를 부정적으로 해석하는 사람보다 더 행복하고 건강하고 사회적으로 성공할 확률이 높다.

〈과거 부정적 시간관〉

과거 사건에 부정적인 태도를 취한다. 과거에 경험한 고통스러운 사건 때문이기도 하지만 평범한 사건을 부정적으로 재구성하는 태도 때문이기도 하다. 같은 사건이라도 〈과거 긍정적 시간관〉은 긍정적으로 해석하지만, 〈과거 부정적 시간관〉은 부정적으로 해석한다. 과거에 실패한 경험이 있으면 미래도 실패하리라 생각한다.

〈현재 숙명론적 시간관〉

운명이 삶의 많은 부분을 좌우한다고 생각한다. 일어날 일은 반드시 일어나므로 내가 뭘 하건 크게 상관이 없다고 여긴다. 개인의 선택이나 행동은 중요하지 않다. 인간은 무력한 존재다.

〈현재 쾌락적 시간관〉

현재의 즐거움에 최고의 가치를 둔다. 돈이 있으면 유행하는 옷을 사고, 새로운 물건 구매를 즐긴다. 미래를 생각하지 않으므로 충동적이고 무절제하다. 뭔가 새로운 일을 시작하면 푹 빠진다. 흥분과 새로움, 즉흥적인 행위로 가득한 삶을 산다. 다양한 활동을 하고, 스포츠와 취미생활을 즐긴다.

〈미래지향적 시간관〉

뭔가를 성취하기 위해 목표를 세우고, 달성할 방법을 꼼꼼히 검토한다. 미래에 치러야 할 대가와 즉각적인 만족을 놓고 세심하게 저울질하지만, 미래에 더욱 큰 보상을 받으리라 생각하기 때문에 즉각적인 만족을 멀리한다. 사람들이 우르르 몰려드는 유행이나 일에는 관심이 없다. 균형 있는 지출을 하며 건강관리에 신경을 쓴다. 정서적으로 안정되어 있으며, 예측이 가능하다. 부자가 되거나 높은 지위에 올라갈 확률이 높다.

〈초월적 미래지향적 시간관〉

종교인에게 많다. 죽음은 또 다른 시작일 뿐이며, 죽는 것은 육체일 뿐이고 영혼은 천국에 간다고 생각한다. 현세보다는 죽은 후가 더 중요하다. 충동을 잘 조절하며 공격적이지 않고 미래에 생길 결과를 늘 염두에 둔다.

필립 짐바르도로와 존 보이드는 6가지 시간관 가운데 어느 한쪽으로 치우치면 안 된다고 강조한다. 예를 들어 지나치게 미래 지향적인 시간관은 부자가 되거나 지위가 오르는 목표는 성취할지 모르지만 심한 스트레스로 행복과는 멀어진다. 필립 짐바르도로와 존 보이드는 그동안의 연구 조사에 따라 최적의 시간관을 다음과 같이 구성했다.

- 강한 과거 긍정적 시간관
- 비교적 강한 미래지향적 시간관
- 비교적 강한 현재 쾌락적 시간관
- 약한 과거 부정적 시간관
- 약한 현재 숙명론적 시간관

올바른 시간관은 과거 긍정적, 현재 쾌락적, 미래지향적 시간관이 적절하게 균형을 이루어야 한다. 균형 있는 시간관을 지니려면 질문 방식을 바꾸면 된다. 질문방식을 바꾸면 생각하는 틀이 바뀐다. 부정적인 질문은 부정적인 사고방식을 습관으로 만들어 부정적인 인간을 만들고, 긍정적인 질문은 사고방식을 긍정적으로 만들어 긍정적인 인간이 되도록 한다. 질문은 부정적인 상황을 긍정적으로 해석하도록 돕는다. 질문을 바꾸면 '과거 긍정적 시간관'과 '미래지향적 시간관'을 지니게 되어 상황을 재해석할 수 있다. 부정적인 상황을 긍정적인 질문으로 재해석하여 행복한 삶으로 바꿔버린 서울대학교 이상묵 교수 사례를 보자.

절망에서 희망으로

이상묵 교수는 목 아랫부분부터 발가락 끝까지 아무런 감각을 느끼지 못한다. 미국 캘리포니아 공과대학(칼텍)과 공동으로 진행한 미국 야외 지질조사 프로젝트를 수행하던 중 차량이 뒤집히는 사고로 전신마비가 됐다. 목 아래로는 주사를 맞아도 통증이 없다. 잠자는 사이 두 다리를 잘라가도 알지 못할 정도다. 교수로 학자로 잘 나가던 이 교수는 한순간에 전신마비가 됐다. 그때 이 교수가 '난 이제 끝났군. 이제 내가 뭘 할 수 있겠어?'와 같은 질문을 했다면 어떻게 됐을까. 이 교수는 '과거 긍정적 시간관'과 '미래지향적 시간관'을 바탕으로 '무엇을 할 수 있을까?' 하고 질문했다.

이 교수가 사고 6개월 만에 교단에 서서 학생들을 가르치는 힘은 이런 긍정적인 질문에서 나왔다. 이 교수는 비록 사고를 당해 장애를 입었지만 다시 재기해 활동하는 데 필요한 부분은 하늘이 가져가지 않았다고 생각했다. 횡격막만으로 정상인처럼 이야기하는 것만 보아도 큰 행운이라고 생각했다. 이 교수는 남들과 다른 길로 가는 것을 두려워하지 않았다. 그 덕에 지금도 예전과 마찬가지로 자기는 하늘이 내린 행운을 누리고 있다고 생각한다.

이상묵 교수가 쓴 《0.1그램의 희망》에는 사고 당시부터 지금까지 어떤 심리적인 변화를 거쳤는지 잘 나온다. 처음에는 이 교수도 부정적인 질문들을 남발했다. '이거 각본대로 맞아? 어떻게 지금까지 잘 오다가 나를 무대에서 끌어내리는 거야?', '이럴 거였으면 애당초 이

길을 걸어오지 않았지. 아니 말렸어야지. 다 걸어오게끔 해놓고 중간에 이렇게 하차시키는 것이 원래 계획이었어?'라며 하늘을 원망하는 질문을 했다. 그러나 이 교수는 몇 개월 동안 재활 치료를 받으며 다음과 같이 질문의 수준을 높였다.

- '앞으로 내가 어떻게 살아가면 될까?'
- '나는 남을 위해 어떤 봉사를 할 수 있을까?'
- '이 기회가 나에게 무슨 의미가 있을까?'
- '어떻게 하면 이 위기를 이겨내고 다시 학교로 돌아가 학생들을 가르칠 수 있을까?'

이상묵 교수는 스스로 질문을 던지고 답을 구했다. 이 교수는 "하늘이 모든 것을 가져가시고 희망이라는 단 하나를 남겨 주셨다"고 말했다. 이 교수가 사고 후 과거 부정적 시간관에 휩싸여 부정적인 질문으로 부정적인 답을 얻었다면 실망과 좌절에서 헤어 나오지 못했을 것이다. 하지만 그는 '0.1그램의 희망'을 갖고 늘 긍정적인 마음을 잃지 않았다. '무엇을 할 수 있을까?'를 질문하며 답을 찾아나갔다. '과거 긍정적 시간관'과 '미래지향적 시간관'을 지니고 자신에게 긍정적인 질문을 할 때 인생이 어떻게 바뀌는지 이상묵 교수가 잘 보여준다.

걱정 해결을 도와주는 질문

걱정하는 사람들, 비관주의자들, 우울증에 빠진 사람들에게 《질문의 7가지 힘》을 쓴 도로시 리즈는 다음과 같이 질문하라고 권했다.

1) 내가 이런 걱정을 하는 것이 타당한가? 걱정할 만한 현실적인 이유가 있는가?

2) 이것은 내가 걱정하던 안 하던 어차피 일어나는 일이 아닌가?

3) 걱정만 하는 대신 일어날 수 있는 결과에 대비해서 할 수 있는 일은 무엇인가?

4) 과거에 너무 사로잡혀 있는 것이 아닌가? 현재의 문제를 마주하고 즉각적인 행동을 취하기를 회피하고 있는 것은 아닌가?

5) 이 문제로 많은 시간을 고민할 가치가 있는가? 집중해야 하는 더 중요한 문제는 없는가?

6) 이 문제를 전화위복으로 만들 방법이 있는가?

7) 도움을 청할 사람이 있는가?

심리학자의 연구 결과는 우리가 왜 긍정적으로 살아야 하는지 과학적인 데이터를 제공해 준다. 미국의 예일대 베카 레비 교수는 나이드는 것을 긍정적으로 생각한 사람이 부정적으로 생각한 사람보다 평균 7.6년 더 산다고 했다.

미네소타 로체스터에 있는 메이오 클리닉에 근무하는 심리학자들은 40년 동안 진료를 받아온 환자 839명을 대상으로 낙관주의가 인간 수명에 영향을 주는지 알아보는 연구를 했다. 환자들은 2000년까지 200명이 사망했는데, 낙관주의자가 비관주의자보다 19퍼센트 더 오래 산 것으로 나타났다. 영국에서는 유방암에 걸린 여성 69명을 추적 조사한 결과, 재발을 경험하지 않은 여성은 암과 싸워 이기려는 자세를 가진 경우가 많았다. 반면 사망했거나 재발을 경험한 여성은 처음 암 진단을 받았을 때 무기력하게 체념하는 반응을 보인 경우가 많았다.

하늘이 무너지는 상황에 초점을 맞추지 말고 솟아날 구멍에 초점을 맞춰야 한다. 질문이 이것을 가능하게 한다. 질문은 상황을 다른 각도에서 볼 수 있도록 유도한다. 질문을 바꾸면 감정 상태를 바꿀 수 있다. 절망 속에서 희망을 찾을 수 있다. 답은 어떤 질문을 하느냐에 달려 있다.

승지가 과학자를 포기한 이유는 초등학교 때 꿈꾼 그런 과학자가 되기에 자신의 현재 상황이 턱없이 부족하다는 걸 깨달았기 때문이라고 한다. 좌절은 자신이 과학고에 갈 수 없다는 사실을 알았을 때 이미 왔지만, 자존심 때문에 다른 방법으로 과학자가 되기로 한 것이었다. 일반고에서 동아리 활동도 하고 열심히 공부해서 내신 점수를 높이면 승산이 있다고 여겼기 때문이다. 하지만 성적은 점점 떨어지고 과학 실험도 점점 어려워서 흥미를 잃은 지 오래였던 터였다. 이런 승지에

속 6.5킬로미터 밖에 안 되니 말과 비교해 크게 차이가 나지 않았다. 이 정도는 사람이 1시간 동안 빨리 걷는 속도와 비슷했다. 부품을 아무렇게나 조립한 탓에 외관도 조잡하고 투박했다. 사람들은 아무 쓸모없는 물건이라고 한마디씩 했다. 특히 철도를 경쟁자로 생각한 운하 회사들이 엄청나게 비난을 해댔다. 운하 회사들은 철도를 비난하는 책과 신문을 찍어 마구 뿌려댔다. 하지만 스티븐슨은 좌절하지 않고 계속 질문했다.

'어떻게 하면 빠른 증기기관차를 만들 수 있을까?'

스티븐슨은 질문하며 새롭게 만들어 보고, 질문하며 다시 만들기를 반복했다. 결국 처음 만든 지 15년 뒤에 최대 시속 47킬로미터를 달리는 증기기관차를 만들어 냈다. 문제를 해결하려고 끊임없이 질문한 결과였다.

엄태홍은 기타를 만드는 사람이다. 한국의 기타 장인 1호인 아버지에게서 기타 만드는 법을 배웠다. 1970~80년대 기타가 유행하면서 큰돈을 벌었지만 늘 아쉬웠다. 정말 좋은 명기를 만들고 싶었다. 그래서 질문했다.

'정말 이름 있는 악기를 만들려면 어떻게 해야 할까?'

고민하던 엄태홍은 독일에서 기타를 만들고 있던 일본인 가즈오

사토를 찾아갔다. 3개월 동안 기타 만드는 법을 배우고 왔다. 배운 대로 기타를 만들었다. 사람들은 기타에서 사토의 소리가 난다고 했다. 배운 대로 했으니 그럴 수밖에 없었지만 엄태홍은 허전했다. 그것은 사토의 기타지 엄태홍의 기타가 아니었기 때문이다. 자존심이 상했다. 그때부터 엄태홍표 기타를 만들겠다는 목표를 세우고 다음과 같이 질문했다.

'어떻게 하면 엄태홍표 명기를 만들 수 있을까?'

해결책을 찾을 때까지 끈질기게 질문을 던졌다. 처음부터 다시 공부하기 시작했다. 미친 듯이 공부했다. '어떻게 하면 엄태홍표 명기를 만들 수 있을까?'를 끈질기게 물고 늘어졌다. 대량 생산으로 기타를 만들어 팔면 그런대로 먹고살았겠지만 포기했다. 1년에 1대를 만들더라도 자신의 기타를 갖고 싶은 욕망이 점점 불타올랐다. '어떻게?', '어떻게?'를 되새기고 끈질기게 질문하며 노력했다. 어느 해에는 단 1대도 만들지 못했다. 어디가 잘못됐는지 알지 못했다. 답답했다. 그러나 어찌된 영문인지 2002년이 되자 자신의 기타가 만들어졌다.

지금은 기타 만드는 모든 과정을 수작업으로 하여 1달에 1대만 만든다. 가격은 300만 원이다. 500만 원짜리 기타도 있다. '내가 죽고도 남을 악기를 만드는 법'을 찾기 위해 끊임없이 질문하고 답을 얻은 결과다.

이석형 함평군수는 39세의 젊은 나이에 처음으로 군수가 됐다. 인구 71퍼센트가 농업에 종사하고, 연간 관광객은 18만 명에 돈 벌어들일 만한 것은 눈 씻고 찾아봐도 없는 가난한 시골에서 어찌어찌하여 군수가 되긴 됐는데 덜컥 겁이 났다.

새벽마다 산에 오르며 고민했다. 함평군을 살릴 방법을 찾기 위해 '어떻게?', '어떻게?'를 질문하다 나비축제를 생각해 냈다. 그러나 나비축제는 혼자서는 하기 힘든 일이었다. 모두 반대했고, 미친 놈 취급을 했다. 간부회의 때 나비 얘기를 꺼내면 모두가 외면했다. 질문에 답을 찾아도 실행하지 않으면 아무런 의미가 없다. 이 군수는 오랜 질문 끝에 얻어낸 답을 포기할 수 없어 입만 열면 나비 얘기를 하며 설득했다.

1999년 첫 번째 나비축제는 대성공이었다. 20만 명이면 성공이라고 했는데 무려 60만 명이 몰렸다. 2006년에는 무려 171만 명이 왔다 갔다. 함평은 이제 이름 없는 가난한 시골이 아니다. 2008년에는 '세계 나비곤충 엑스포'를 열며 세계 속으로 도약했다. 이석형 군수의 끈질긴 질문과 결단이 이룬 쾌거였다.

메가스터디 엠베스트 김성오 대표의 끈질긴 질문 습관도 배울 만하다. 김성오 대표는 평소 끈질기게 질문하고 고민하며 창의적인 답을 찾아냈다. 그 결과 마산 변두리 작은 약국을 기업형 약국으로 키웠다. 김 대표가 쓴《육일약국 갑시다》에는 다음과 같은 에피소드가 나온다.

손님이 다 빠져나간 어느 저녁, 건너편 도로에 서서 불이 켜진 약국을 바라보았다. 손님 없는 작디작은 약국은 어둠이 내리자 더욱 한산해 보였다.

"이래가꼬 사람들 눈에 띄기나 하것노?"

의구심이 들기 시작했다. 일부러 조금 더 멀리 걸어가 약국을 바라보았다. 그리 멀어진 것도 아닌데, 어둠에 묻힌 약국은 신경 써 보지 않으면 찾을 수 없었다. 확인할 것이 있었다. 조금 더 멀리 걸어가 약국을 바라보았다. 역시 약국은 물론 그 주변조차 전혀 보이지 않았다. 가뜩이나 작은 약국이다. 밤낮을 가리지 않고 잘 보여야 사람들이 인식할 것이 아닌가. 평수를 늘릴 형편도 아니었다. 다른 방법을 찾아야 했다.

나는 약국을 시작하면서부터 손님이 약국을 찾게 하는 요소와 손님을 내쫓는 요소들을 나열해 보았다. 좋은 것은 바로 실천하며 꾸준히 지속한 반면, 부정적인 요소들은 빠른 시일 안에 없애기 위해 노력했다. 어두워서 눈에 띄지 않는다면 밝게 만들어야 한다. 이왕 밝히는 불, 멀리서도 잘 보일 수 있도록 '아주 환하게' 만들기로 마음먹었다. 그 당시 약국은 40와트 형광등 6개 정도면 충분한 공간이었다. 그러나 일부러 형광등 25개를 주문하고 설치했다.

"약사님요, 이 콧구멍만한 약국에 뭐 볼 게 있다고 이리 많은 전구를 설치하시는교? 여기 25개가 다 들어갈 수나 있을까 모르겠습니더. 전기세 억수로 나올 텐데예."

형광등을 설치하는 기사는 도저히 이해를 못하겠다며 고개를 저었다. 그의 말이 아주 틀린 것도 아니었다. 형광등 25개가 그 좁은 천정에 간신이 들어섰기 때문이다. 하지만 나는 잘 설치해달라며 웃었다.

그날 저녁, 약국은 눈이 부셨다. 특히 밖에서 바라본 약국은 어제와 달랐다. 조금만 멀어져도 보이지 않던 약국이 대낮같이 환한 빛으로 멀리서도 반짝였다. 공간이 작다 보니 마치 별처럼 반짝였다. 지나가는 행인들 시선이 저절로 약국으로 돌아왔다. 이웃 가게들과 확실한 차별성이 생긴 것이다. 손님들의 반응도 폭발적이었다.

"와~ 죽이네예. 약국 덕분에 동네가 환해졌다 안합니꺼."

"약사님요. 약국이 이리 환하니 왠지 시원하게 낫게 해줄 것 같습니더."

한 달 후, 형광등 설치 기사의 걱정대로 지난달에 비해 전기요금이 무려 20만 원이 추가됐다. 하지만 조금도 아깝다는 생각이 들지 않았다. 밤이 깊을수록 약국은 더욱 눈에 띄었고, 손님들이 만족했기 때문이다. 구석구석 빼곡히 정돈된 약을 찾아내기도 훨씬 쉬워졌다. 그리고 얼마 지나지 않아 월 매출이 1백만 원 정도 증가했다. 20만 원의 투자로, 다섯 배의 이득을 본 것이다. 어느덧 육일약국은 교방동의 밤을 밝혀주는 이정표가 되었다.

아인슈타인은 "질문을 중단하지 않는 것이 중요하다. 호기심이 꼭 필요한 것은 이 때문이다. 사람들은 영원성, 인생, 실제의 놀라운 구조에 대해 묵상할 때마다 경외감에 빠지게 되는 것은 어쩔 수 없는 일이다. 만일 어떤 사람이 매일 이 신비로움의 아주 작은 부분이라도 이해하려고 한다면 그것으로 충분하다, 절대로 신성한 호기심을 잃지 말라"고 말했다. 아인슈타인은 답을 얻을 때까지 질문을 중단하지 않았기 때문에 지금 우리에게 위대한 이름을 남겼다. 볼테르 또한 "끈질기게 생각해서 해결되지 않는 문제는 없다"고 말했다. 이처럼 위대한 사람들은 답을 얻을 때까지 끈질기게 질문하는 것이 어떤 의미가 있는지 잘 알았다.

열정을 불러오는 질문

모든 문제에는 답이 있다. 같은 의미로 모든 질문에는 답이 있다. 다만 우리가 그 답을 찾지 못할 뿐이다. 답을 찾는 과정이 쉽지 않다 보니 도중에 포기하고 만다. 답이 저 언덕 뒤에 숨어 있으니 여기서는 답이 보이지 않는다. 언덕을 넘을 힘이나 끈기가 없으면 답을 찾지 못한다. 쉽게 포기하는 사람은 큰일을 하지 못한다. 어느 한 분야에서 대가를 이룬 사람에게 끈기는 기본이다.

끈질기게 질문하여 답을 찾아내도 '다음'이 없으면 질문을 안 한만 못하다. 질문의 답은 '갈 길'이나 '할 일'을 알려줄 뿐이지 자동으로 결과를 이끌어 내지는 못하기 때문이다. '다음'이란 얻은 답에 결단을 내리고 최선의 결과를 얻으려고 노력하는 실천을 말한다.

끈질긴 질문으로 얻은 답을 실현하려면 주도적인 자세가 중요하다. 주도적인 자세란 이런저런 상황이나 환경에 휘둘리지 않고 내가 가기로 한 길을 가는 것을 말한다. 일하다 보면 장애물은 있기 마련이다. 장애물에 걸려 넘어지더라도 다시 일어서는 사람이 결국 성공한다.

브라이언 트레이시는 "성공한 사람은 누구든지 엄청나게 많은 실수를 저질렀고 그런데도 그들이 성공한 비결은 포기하지 않는 고집"이라고 말했다. 환경, 여건, 상황에 구애받지 않는 주도적인 사람과 반대로 대응적인 사람은 질문이 다르다. 장애물을 만났을 때 대응적인 사람은 이렇게 질문한다.

- '내가 뭘 더 할 수 있겠어?'
- '이런 상황을 누가 견딜 수 있겠어?'
- '누가 이런 생각을 해도 된다고 하겠어?'
- '머리 나쁘고 게으른 내가 꿈을 이룰 수 있겠어?'
- '엄마는 왜 항상 나에게 잔소리만 하지?'
- '이런 상황에서 누가 나를 도와주겠어?'

이런 질문은 자신감과 열정을 앗아간다. 반면 주도적인 사람은 열정과 자신감을 잃지 않는 다음과 같은 질문을 한다.

- '뭐 좋은 방법이 없을까?'
- '어떻게 하면 내 꿈을 찾을 수 있을까?'
- '어떤 방법으로 부모님을 설득할 수 있을까?'
- '지금 내가 할 수 있는 일은 무엇인가?'
- '친구들의 오해를 풀어낼 방법은 무엇일까?'

이렇듯 주도적인 사람은 질문 수준이 다르다. 실패한 사람은 실패할 만한 질문을 한다. 문제에 초점을 맞춘 질문을 하며 불평하고 힘들어 한다. 문제의 원인을 비난하고 불평한다고 해서 문제가 해결되지는 않는다. 반면 성공한 사람은 성공할 만한 질문을 한다. 결코 상황에 구애받지 않는다. '문제를 어떻게 해결할 것인가?'와 같이 해결 방법에 초점을 맞춘 질문을 한다.

답을 찾을 때까지 질문하는 법

답을 얻을 때의 기쁨은 경험해보지 않고서는 알지 못한다. 문제를 해결하기 위해 질문에 몰입하면 잠재능력을 힘껏 발휘하여 좋은 답을 얻을 수 있다. 몰입은 집중적으로 질문하는 방법이다. 포기하지 않는 끈기가 있어야 가능하다. 몰입을 하면 어떤 유익이 있을까?

몰입의 유익

첫째, 몰입을 하면 일의 과정을 즐길 수 있다. 칙센트 미하이는 《몰입의 경영》에서 진정한 즐거움이란 목표를 실제로 달성하는 것보다 오히려 착실하게 목표에 한걸음씩 전진하면서 느끼는 것이라고 했다. 몰입 상태에서는 가만히 앉아서 문제에만 집중해도 즐거움과 행복한 감정을 느낀다. 이런 색다른 경험은 행복을 추구하는 방법을 달리 생각하게 만든다. 결국 행복을 느끼는 기능은 나에게 있고, 외부 자극은 단지 이 기능을 활성화하는 촉매에 불과하다.

몰입할 때의 즐거움은 우울함이 남지 않는다는 것이다. 즉, 몰입 상태의 쾌감은 우울과 교차하는 감정이 아니라 기복 없이 기분 좋은 상태만 계속 유지하기에 더욱 특별하다. 도파민 호르몬은 뇌의 각성을 일으켜 집중과 주의를 유도하고, 쾌감을 일으키며, 의욕을 솟아나게 하고, 창조성을 발휘하게 하는 신경 전달 물질이다. 도파민이 관여하는 집중, 쾌감, 의욕, 창조성 따위는 몰입을 체험할 때 나타나는 대표적 특징이다.

둘째, 몰입은 주도적인 사람으로 만들어 준다. 주도적인 사람은 불가능해 보이는 상황에서 희망과 가능성을 찾는다. 집중의 힘이다. 어떤 일에 집중하면 전혀 예상치 못한 해결책을 발견할 수 있다. 어려운 상황에 놓이더라도 방법을 찾는 질문에 몰입하면 가능한 방법을 찾아내어 성공적으로 마무리할 수 있다.

셋째, 몰입은 가치 있는 일을 정하고, 그 일에 집중하도록 한다. 몰입하는 사람은 다른 일에는 관심이 없다. 가장 소중하고 가치 있다고 생각하는 일에 집중한다. 물리학자 리처드 파인만은 첫 번째 아내와 사별한 뒤 메리 루라는 여성과 재혼했다. 하지만 결혼생활은 오래가지 못했다. 사교와 파티를 좋아하는 메리 루와 파인만은 서로 맞지 않은 옷처럼 겉돌기만 했다. 결국 이혼을 했는데, 당시 메리 루가 법정에서 진술한 내용을 미국 내 신문이 보도하면서 자신의 일에만 몰입하는 과학자의 일상이 호사가들 입에 오르내렸다.

벼루와 먹의 강도에 관해 정확한 정보가 없는 나로서는, 감히 짐작하기도 어렵다. 어쨌든 먹 1만 개가 다 닳았을 때 벼루 하나가 뚫린다면 적어도 먹 10만 개는 사라졌으리라. 먹 10만 개가 만들어 낸 글씨의 공력이 추사가 70년 동안 이룬 서체 속에 숨어 있다. 벼루를 '도넛'으로 만드는 동안, 붓인들 오래 갔을 리 없다. 써야 할 글씨는 많고 붓은 늘 적었으니, 붓털이 헤져 성기고 짧아져도 쓸 수 있을 때까지 썼다. 쓰다 보니 붓이 털 없는 대머리가 되었다. 얼마나 많이 썼기에, 붓털 없는 붓들이 천 자루가 쌓였을까. 추사의 삶은 저 구멍 난 열 개의 벼루와 털 없는 천 자루의 붓이 증언하고 있다. 공부란 이런 것이다. 살이의 수단을 위해 잠깐 애쓰는 지식 섭렵이 아니라, 문방의 이우가 학을 떼는 그때까지도 놓치지 않고 덤벼드는 무한의 열정이다.

《추사에 미치다》에는 서예의 아버지라 불리는 한나라 사람 종요에 관한 글도 나온다. 종요는 잠을 잘 때도 이불에다 글씨를 썼다고 한다. 얼마나 많이 썼던지 이불이 구멍투성이였다. 추사는 벼루에 구멍을 냈으나, 종요는 손가락으로 이불에 구멍을 냈다. 글씨를 쓰느라 16년 간 집 밖을 나가지 않았다. 세상 사람들은 그를 미친 사람이라 생각했으나 그런 덕분에 그는 저 위대한 해서를 창안해낸 것이다.

종요의 지독함을 증명하는 고사가 또 하나 있다. 어느 날 종요는 위탄이라는 사람의 책상에 놓인 채옹의 《필론》을 발견한다. 탐이 난 종요가 한번만 빌려달라고 애원하지만 위탄은 내주지 않는다. 그러자 종요는 사흘 동안 가슴을 치다가 가슴이 퍼렇게 멍이 들고 피를 토하기 시작했다. 깜짝 놀란 조조가 '오령단'이라는 약을 지어 줘 겨우 살아났다. 위탄이 죽자 종요는 사람을 시켜 무덤을 파고는 책을 훔쳐냈다. 종요는 《필론》에서 "글씨는 힘이 있어야 하며 힘이 없는 것이 병통"이라는 위대한 말 한마디를 발견하고, 자신의 서체를 창안하기에 이른다. 이 정도 지독함이 있어야 대가가 된다. 이게 답을 얻을 때까지 질문하는 몰입이다.

전교 1등을 이기고 싶은 중3 도현이가 어느 날 반항아라는 꼬리표를 달고 찾아왔다.

"전 머리가 나빠요. 아무리 노력해도 친구를 이길 수가 없어요."
"친구를 이기고 싶구나."
"네, 우리 반 전교 1등을 꼭 이겨보고 싶어요."
"왜 그 친구를 그렇게 이기고 싶었을까 궁금하네."

처음 들어보는 질문이라는 듯 한참을 머뭇거렸다. 그러나 질문에 답을 찾으려고 했다.

"잘 모르겠는데, 그 친구가 멋있어 보여요. 모르는 게 있으면 다 그 친구에게 찾아가서 물어봐요. 저도 아는 문제인데요. 선생님도 그 친구를 보는 눈빛이 다르신 것 같아요. 저도 그 친구처럼 되고 싶어요."

"너도 잘하는 학생이라는 걸 친구들과 선생님들에 인정받고 싶었구나. 알아봐 줬으면 좋겠고."

"네, 맞아요."

"우리 그럼 이렇게 한번 해볼까?"

"어떻게요?"

"그 친구를 이기기 전에 네 자신을 먼저 이겨보는 거야. 내가 볼 때 도현이는 반에서 2등이고 운동도 잘 하고 여자 친구들에게 인기도 많아. 그런데 지금 이 모습보다 더 나아지고 싶은 거잖아. 너와 다른 배경이나 성향을 가진 친구를 이기기 전에 먼저 네 자신을 한 번 이겨보는 거야. 어때?"

"코치님 말씀을 알 것 같기도 하고 모를 것 같기도 해요."

"그래, 지금 그럴 수 있어. 어제 내 모습보다 조금 더 멋있어지려면 오늘 무엇을 해야 할까?"

"공부해야죠. 전 전교 1등이 되고 싶어요."

"좋아! 전교 1등을 이기기 전에 공부로 네 자신을 먼저 이겨보는 거야. 네가 시험 보기 전에 문제집을 많이 푼다고 들었어. 문제를 푸는 것에만 집중하지 말고 문제를 풀면서 네가 모르는 게 뭔지를 찾아서 그걸 없애 보는 거야. 그러니 공부를 할 때 이 질문을 자신에게 계속 던져봐."

"어떤 거요?"

"내가 여기서 모르는 내용이 뭐지?"

"네 과제는 그저 모르는 내용을 찾아서 그걸 알아보는 것뿐이야. 그렇게 모르는 문제를 하나씩 정복하면서 네 자신을 이겨보는 거지."

도현이처럼 성취 욕구가 강한 친구가 있다. 그런 친구가 다른 사람을 이기겠다는 목표를 정하면 조바심이 나고 부정적인 감정이 점점 커진다. 그럴 때는 관점을 바꾸고 자신이 원하는 것에 몰입하는 질문을 던지면 도움이 된다. 이후 도현이는 문자 메시지로 며칠 동안 질문에 답을 얻으려고 질문하고 또 질문했다.

"코치님께서 말씀하신, 내가 모른 게 뭔지 찾아본다는 게 이런 건가요? 제가 문제집을 푸는 데 10개나 틀렸거든요."

"틀린 개수에 집중하지 말고 모르는 문제 자체에 집중을 해봐."

"코치님께서 말씀하신 나를 이긴다는 게 이런 건가요? 졸려서 자고 싶었는데 나를 이겨보겠다고 생각하니 10분만 더 해야겠다는 생각이 들었어요."

도현이의 중학교 3학년 중간고사 성적이 궁금하지 않은가? 그해 학교에서 최초로 전 과목 만점을 받았다. 질문으로 방향을 바꾸고, 질문에 답을 얻고, 답을 실현하기 위해 끊임없이 노력한 결과였다.

창의력을 기르는 질문

요즘은 주변에서 십자나사못을 흔히 볼 수 있다. 그러나 십자나사 못도 질문의 연속 과정 속에서 태어났다. 헨리 필립스는 미국에서 전자 제품을 수리하는 일을 했다. 그러나 그에게 한 가지 어려운 일이 있었다. 일자나사못은 너무 많이 돌리고 나면 홈이 망가져 제대로 돌려 뺄 수 없다는 것이었다. 망치로 드라이버를 톡톡 치면서 돌리면 대개 는 빠지지만 그렇게 해도 잘 안 되어 라디오 전체를 못 쓰게 될 때도 많았다.

필립스의 질문은 '어떻게 하면 일자나사못을 잘 뺄까?'였다. 질문 을 거듭하다 보니 어느 날 머릿속에 전구가 켜지듯 새로운 생각이 떠 올랐다. 일자인 홈에 세로로 홈을 하나 내면 되지 않겠느냐는 것이었 다. 십자나사못은 드라이버가 주는 힘을 더 잘 받을 뿐 아니라 덜 닳게 될 것은 당연한 이치였다. 게다가 한 걸음 더 나아가 드라이버도 십자

드라이버로 만들어 사용하기 시작했다. 필립스는 이 발명품을 전 세계에 특허출원하였고, 자기 이름을 딴 '필립스'라는 나사공장을 세워 십자나사못과 드라이버를 생산 판매했다.

창의력은 타고나지 않는다

우리는 보통 창의력을 타고난다고 생각한다. 더구나 지능지수가 아주 높은 소수만이 창의적인 활동을 한다고 착각한다. 심리학자인 조이 길포드(Joy P. Guilford)는 창조성과 지능이 똑같지 않다고 주장했다. 길포드가 생각한 창조성의 핵심 개념은 발산적 사고였다. 표준적인 지능검사에 의해 똑똑하다고 인정받은 사람은 문제에 항상 올바른 대응법을 생각해 낸다. 반면 창조적인 사람은 어떤 자극을 받거나 문제를 보면 아주 다양한 연상을 하는 경향이 있다. 일부는 매우 유별나고 엉뚱하기까지 한 반응을 나타내기도 한다.

창의력 전문가의 주장에 따르면 창의성은 타고나는 것이 아니라 교육과 훈련으로 가능하다고 한다. 그렇다면 무엇을 교육하고 무엇을 훈련해야 할까? 답은 질문이 가장 효과적인 훈련법이다. 모든 창의적인 행동은 호기심 많은 질문으로 시작하기 때문이다. 다음과 같은 질문이 상상력을 자극한다.

- '왜 이럴까?'
- '원인은 무엇인가?'

- '무엇이 다를까?'
- '다른 방법은 없을까?'
- '더 좋은 방법은 뭐지?'

이런 질문을 계속하며 관찰하고, 뒤집어 보고, 쪼개 보고, 거꾸로 보다 보면 창의력을 기를 수 있다. 창의력이란 없는 물건을 발명하고, 예술작품을 창작하고, 소설을 창작하는 것처럼 새로운 것을 만들어 내는 힘이기도 하고, 어려운 일이나 곤란한 일을 만났을 때 그것을 해결하는 힘이기도 하다.

창의력은 사고방식이 고정적인 어른보다 자유롭게 생각하고 상상하는 어린 시절에 훨씬 많이 길러진다. 어른이 되어서도 아이와 같은 관점에서 세상을 바라보는 습관이 중요한데, 아인슈타인은 자신의 사고 유형과 아이들의 일반적인 사고 유형이 비슷하다는 점을 알고 있었다. 아인슈타인은 이렇게 말한 적이 있다.

"내가 어떻게 상대성 이론을 발견하게 되었는지 모르겠다. 아마도 보통 어른이라면 시간과 공간의 문제를 생각하느라 길을 멈추는 일 따위는 없을 것이다. 바로 이 점이 이유가 아닐까 싶다. 이런 문제는 어릴 적에나 골몰했을 것이다. 하지만 내 경우는 지능 발달이 더뎌서 어른이 된 뒤에나 겨우 시간과 공간에 관해 의문을 품기 시작한 것이다. 당연히 나는 보통 능력을 가진 아이보다 그 문제를 더 깊이 파고들 수 있었다."

천재들은 어렸을 때부터 질문하는 습관이 있다. 천재들은 자신이 좋아하고, 관심 있는 분야에서 질문을 시작으로 '일을 내기' 시작했다. 에디슨과 아인슈타인에게 호기심 가득 찬 질문이 없었다면 어떻게 그런 위대한 업적을 남길 수 있었겠는가. 베토벤이나 모차르트도 질문하지 않았다면 최고의 음악가가 되지 않았을 것이다. 파브르도 곤충을 궁금하게 생각하지 않았다면 질문하지 않았을 것이다. 궁금증과 질문 없이 파브르가 그렇게 오랜 시간 쭈그리고 앉아 관찰할 수 있었을까? 이처럼 질문은 창의력의 첫걸음이 된다.

창의적으로 생각하는 법

창의적인 사람은 보통 사람하고 생각하는 방식이 다르다. 로버트 루트번스타인과 미셸 루스번스타인은 《생각의 기술》에서 천재들의 창조하는 방법 13가지를 나열했다. 관찰, 형상화, 추상화, 패턴 인식, 패턴 형성, 유추, 몸으로 생각하기, 감정 이입, 차원적 사고, 모형 만들기, 놀이, 변형, 통합이 그것인데, 모든 과정을 관통하는 중심 단어는 역시 질문이다. 호기심 있는 질문이 없다면 도대체 왜 관찰을 하겠는가. 질문은 대상물을 관찰하게 만든다. 대상물을 주의 깊게 바라보며 머릿속은 계속 질문을 한다. 질문하며 관찰하고, 관찰하며 질문하는 연속 과정 가운데 번뜩이는 아이디어가 나오고, 창의적인 생각이 연기처럼 모락모락 피워 오르기도 한다.

에이미 윌킨슨(Amy Wilkinson)은 《크리에이터 코드》에서 창의적인 사람을 세 부류로 나눴다.

'태양새'형이라고 부르는 사람들은 한 분야에서 통하는 해법을 다른 분야에 적용한다. 그것도 보통은 기존의 해법을 그대로 가져오지 않고 살짝 변형해서 적용한다. 이들은 '이 바닥에서는 원래 이렇게 한다'는 사회와 시장의 통념에 휘둘리지 않고, 아이디어의 새로운 용도를 찾는다. 현재의 아이디어를 다른 데 이식할 기회만 모색하는 것이 아니라 낡은 아이디어를 새롭게 살려내기도 한다.

'건축가'형은 공백을 발견하고 거기에 빠진 것을 채운다. 다시 말해 문제를 알아보고 새로운 상품이나 새로운 서비스를 고안해서 그간 방치돼 있던 사람들의 욕구를 충족한다. 이들은 이런저런 가정을 분석하고 다양한 변수를 시험해서 새로운 해법을 도출한다. 이들은 꼼꼼하게 묻고 또 묻는 태도가 성공의 비결이라 믿고 아이 같은 천진함과 초심을 잃지 않는다. 이들은 모든 가정에 '이것을 다르게 할 방법이 있을까?' 하고 묻는다.

'통합자'형은 기존의 개념들을 한데 아울러 전혀 다른 혼합물을 만들어 낸다. 서로 반대되는 것들을 조합해서 새로운 진로를 개척한다. 이런저런 아이디어를 나란히 놓고 생각할 줄 아는 노벨상 수상자들의 사고력을 연구한 로던버그는 생리학자, 화학자, 물리학자는 물론이고 퓰리처상을 수상한 작가와 여타 예술가들도 이질적인 개념들 사이에서 연결고리를 찾아 통합적인 아이디어를 창출하는 능력이 있다고 밝혔다. 그는 모순되는 개념들 사이에서 창조적 결과물이 나올 수 있다고 봤다.

창의력을 기르는 질문

천재들은 끊임없이 '어떻게?', '왜?', '그 다음은?'이라고 질문하며 창조적인 업적을 남겼다. 송숙희 씨는 그 어떤 혁명도 혁신도 개선도 보완도 창조도 문제 해결도 대박도 모두 관찰에 있음을 알고 오랜 준비 끝에 《성공하는 사람들의 7가지 관찰습관》이란 책을 냈다. 이 책에서 그는 "기회를 부르는 관찰의 순간은 늘 질문이 함께 했다"고 밝혔다. 질문과 창의적인 성과는 동행한다는 것이다. 뉴턴은 "왜 사과는 위나 옆으로 떨어지는 것이 아니라 밑으로만 떨어질까?", 아르키메데스는 "왜 물이 넘칠까?" 하고 질문했다. 레오나르드 다빈치가 많은 질문으로 창조적인 업적을 만들어 낸 것은 익히 아는 사실이다. 발명왕 에디슨도 새로운 발명을 진행할 때마다 "사람들의 실질적인 욕구는 무엇인가?", "시장에서 현재 틈새는 무엇인가?"와 같은 질문으로 시작했다.

유추 또한 질문이 없으면 불가능하다. 유추는 닮지 않은 사물이나 현상 사이에서 유사성이나 관련성을 찾아내는 것을 말한다. 모든 사람이 그냥 아무렇지도 않게 생각하는 것을 천재들은 질문함으로써 관련성을 찾아간다. 그런데 유추 능력은 충분히 학습할 수 있기 때문에 아주 어렸을 때부터 시작할 수 있다고 한다. 다음은 창의력을 길러주는 질문 유형이다.

- '~라면 어떻게 될까?'
- '~하지 않으면 어떻게 될까?'
- '~하면 어떻게 될까?'
- '왜 이럴까?'
- '무엇이 다를까?'
- '다른 방법은 없을까?'
- '더 좋은 방법은?'

세계 최고의 부자이며 투자의 귀재라고 하는 워렌 버핏(Warren Buffett)도 투자에 앞서 항상 질문을 한다. 《워렌 버핏의 가치투자 전략》을 보면 워렌 버핏이 투자 대상을 찾기 위해 얼마나 신중하게 연구를 많이 하는지 잘 나와 있다. 워렌 버핏는 야구 경기에서 타자가 타석에서 마음에 드는 공을 기다리는 것과 같이 신중하게 투자 대상을 물색해야 한다고 강조한다. 그러면서 질문하고, 대상 업체를 관찰하고, 연구하며 투자 대상을 고른다. 워렌 버핏는 다음과 같이 질문한다.

- '재무제표는 건전한가?'
- '이 기업은 어느 정도 가치가 있는가?'
- '이 기업의 비즈니스 모델은 올바른가?'

- '지금 이 종목의 주가가 만족스러운가?'
- '왜 사람들은 코카콜라를 마시는가?'

이런 질문으로 워렌 버핏은 주식 시장에 영향을 미치는 사실이나 정보들을 독수리처럼 한눈에 내려다본 것이다.

창의력은 머리 좋은 천재들만 발휘하는 능력이 아니다. 자라나는 어린 학생만이 창의력을 기를 수 있는 것도 아니다. 창의력은 무엇을 발명하고, 소설이나 시를 창작하는 일처럼 대단한 작업을 할 때나 필요한 것이 아니다. 우리가 어려운 일이나 곤란한 일을 만났을 때 방법을 찾는 것도 창의적인 일이다. 여행 계획을 세우는 일, 시험 계획을 짜는 일부터, 생활비를 계획적으로 쓰는 일도 창의적인 일이다. 이런 창의력은 질문하는 습관에서 길러진다.

고대 영재원에서 유쾌한 창의력 수업을 진행한 적이 있었다. 수업은 해결 방법을 찾는 데 시간을 보내는 것이 아니라, 질문을 만드는 데 초점을 맞추었다. 처음에는 아이들이 의아해했지만, 수업 후 발표에서 아이들이 만들어 낸 결과물은 생각의 틀을 깨는 것들이었다. 문제 해결에 초점을 맞추었다면 결코 나올 수 없는 아이디어들도 많이 나왔다.

예를 들어, 자신이 하고 싶은 직업에 대한 주제에서, 라면을 좋아하는 한 친구는 "사람들은 라면을 좋아하지만 건강을 염려해 절제한다. 좋아하는 라면을 마음껏 먹으면서 건강에 도움이 되도록 천연 재료를 사용하는 라면연구소를 만들겠다"고 했다. 어떤 친구는 "열악한 처우를 개선하고 국민의 안전을 더 책임지는 소방관이 되기 위해 화학 소방관이 되겠다"고 선언했다. 화학 소방관이란 물을 뿌려 불을 끄는 게 아니라, 던지면 불이 단숨에 꺼지는 알약으로 된 소화기를 사용하는 소방관을 말한다. 환경 문제를 해결하기 위해 환경 훼손으로 멸종 위기에 처한 동물 모양으로 쓰레기통을 만들자는 아이디어도 있었다. 사람들이 쓰레기를 버릴 때마다 사랑스럽고 안타까운 동물들을 보면서 환경에 좀 더 신경을 쓸 것이라는 현실적인 대안이었다.

만약 우리가 문제에서 출발했다면 도저히 나오기 어려운 신기하고 새로운 제안들이었다. 질문을 만들면서 서로 신나게 토론했기에 가능했던 일이다.

자신감을 찾는 질문

피하기 어려운 문제를 만날 때가 있다. 능력으로 도저히 감당하지 못하는 상황과 맞닥뜨릴 때도 있다. 이때 '앞으로 희망이 없는데 더 살아서 무엇 하나?', '왜 나는 이 모양인가?', '왜 내 인생은 자꾸 꼬이기만 할까?'와 같은 질문을 던지면 백 퍼센트 부정적인 답만을 얻는다. 그래서 '왜'가 들어간 질문은 가능한 한 안 하는 게 좋다. 거의 부정적이다. '왜'가 들어가는 질문을 생각나는 대로 나열해 보자.

- '왜 하필 나지?'
- '왜 이런 일이 나한테 일어나는 거야?'
- '왜 나만 이럴까?'
- '왜 나는 되는 일이 없을까?'
- '왜 내가 그래야만 하지?'

이런 질문으로 얻는 답은 자신을 점점 더 힘들게 만든다. 좋지 않은 상황과 불가능한 이유가 꼬리를 물고 떠오른다. 남을 원망하게 되고, 운과 사주팔자 타령으로 세월을 보내게 한다. 피해의식과 불안심리 때문에 불면증과 우울증에 시달리게 한다.

부정적인 질문은 희망을 싹둑 잘라버린다. 나쁜 상황을 더 크게 확대한다. 소설가 공지영이 쓴 산문집《네가 어떤 삶을 살든 나는 너를 응원할 것이다》에 "칭찬은 속삭임처럼 듣고 부정적인 말은 천둥처럼 듣는다"는 말이 나온다. 부정적인 상황은 더 크게 보이는 법이다.

이런 사람도 있다. 처음엔 문제를 해결하기 위해 '무슨 좋은 방법이 없을까?' 하고 질문한다. 그러나 상황이 어려울수록 답을 쉽게 찾지 못하고 걱정을 한다. 그래도 풀리지 않으면 실망하고 결국 포기한다. 걱정이 너무 커서 도저히 이기지 못하겠다고 느끼면 도피방법을 찾는데, 가장 극단적인 방법이 자살이다. 지금은 어려워도, 지금은 힘들어도 앞날에 눈곱만큼이라도 희망이 보이면 자살은 하지 않았을 텐데 말이다. 그래서 자신감을 불러일으키는 긍정적인 질문이 필요하다. 자신감을 심어주는 질문은 문제 해결을 가능하게 한다.

위기의 순간, 의욕을 불어넣는 질문

앤서니 라빈스는 위기의 순간에 의욕을 불어넣는 질문은 인생에서 가장 힘들었을 때 나를 구해준 결정적인 기술이라고 했다. 그러면서 자신이 겪은 일을 언급했다.

나의 동료 한 명이 내가 하는 세미나를 따로 하면서, 글자 하나하나까지 모두 내가 개발했는데도 자신도 그것을 사용할 권리가 있다고 주장했던 순간을 잊을 수가 없다. 나는 충동적으로 "아니, 그 사람이 그런 짓을 하다니? 어떻게 인간이 그럴 수 있어" 하고 질문했다. 그러나 곧 이런 질문이 끊임없는 분노로 몰아갈 뿐이라는 것을 깨닫고 그냥 잊고 내 삶을 즐겁게 보내기로 했다. 그러나 "어떻게 그 사람이 내게 이럴 수 있지?" 하는 질문을 할 때마다 내가 부정적인 상태에 빠지는 것은 어쩔 수 없었다. 내 감정 상태를 바꾸는 가장 빠른 길은 새로운 질문을 하는 것이다. 그래서 나는 "내가 이 사람을 존경할 만한 부분이 있다면 무엇일까?" 하는 질문을 했다. 그러자 바로 머릿속에서 "아무것도 없어!" 하고 소리를 질렀다. 그러나 나는 "그래도 꼭 찾아내야 한다면 어떤 부분을 존경할 수 있을까?"하고 다시 질문했다. 그러자 "그는 그냥 수동적으로 앉아만 있는 사람이 아니지. 그는 어쨌든 내가 가르친 것을 활용하고 있잖아?" 하는 답이 떠올랐다. 이 대답은 나를 웃게 했고, 내 감정 상태를 바꾸었다. 또 여러 대안을 검토하는 마음의 여유가 생겨서 나는 다시 기분이 좋아졌다.

다산 정약용(1762~1836)은 부정적인 상황을 긍정으로 바꾼 대표적인 인물이다. 다산은 41세 때 전라남도 강진으로 유배를 간다. 이전까지는 정조 총애를 받으며 승승장구했다. 정조가 죽자 노론 세력은 정조 시대에 득세한 남인을 몰아낼 수단으로 천주교를 탄압했다. 그런 와중에 다산은 황사영 백서 사건에 연루됐다. 어이없고 억울한 일이었다. 황사영 백서 사건은 조선에서 천주교 박해가 심해지자 정약용 조카사위인 황사영이 중국 연경에 있는 주교에게 탄원서를 써서 보내려다 발각된 사건이다.

정약용을 비롯한 남인 세력을 축출할 좋은 기회로 여긴 노론 세력은 억지로 정약용, 정약전 형제를 끼워 넣었다. 당시 천주교 박해로 100여 명이 처형되고 400여 명이 유배형을 당했다. 정약용은 18년 동안 긴긴 유배생활을 시작한다. 언제 사약을 받을지 모르는 두려움, 계속되는 감시와 박해 속에서 그는 600여 권에 달하는 방대한 저술을 남겼다. 다산의 연구 업적이 어떠한지 정민 교수는 《다산 선생 지식경영법》에서 이렇게 설명하고 있다.

"나는 다산의 작업 과정을 훔쳐보면서, 그의 사고가 너무나 현대적이고 과학적이고 논리적인 데 놀랐다. 나만 놀란 것이 아니라, 그가 20여 년 만에 자신의 성과를 들고 귀양지에서 서울로 돌아왔을 때, 당대의 학자들도 놀랐다. 놀라다 못해 경악했다."

다음은 다산이 한 말이다.

"나는 바닷가 강진 땅에 귀양을 왔다. 그래서 혼자 생각했다. 어린 나이에 배움에 뜻을 두었지만 스무 해 동안 세상 길에 잠겨 선왕의 큰 도리를 다시 알지 못했더니 이제야 여가를 얻었구나. 그러고는 마침내 흔연히 스스로 기뻐했다. 그리고 육경과 사서를 가져다가 골똘히 연구했다. (중략) 경계하고 공경하여 부지런히 노력하는 동안 늙음이 장차 이르는 것도 알지 못했다. 이야말로 하늘이 내게 주신 복이 아니겠는가?"

이처럼 다산은 위기의 순간에 자포자기하지 않고 의욕을 불어넣는 질문을 했다. 그렇다면 다산은 어떤 질문을 했을까? 한 번 상상해 보자.

- '자포자기한다고 내게 무슨 유익이 있겠는가?'
- '모처럼 여가를 얻었으니 이 기회를 어떻게 활용하면 좋을까?'
- '그동안 게을렀던 공부를 다시 하는 것은 어떨까?'
- '어떤 공부를 집중적으로 하는 게 좋을까?'
- '나라에 보탬이 되는 연구는 무엇일까?'
- '백성이 좀 더 나은 생활을 하도록 하려면 어떤 방법이 좋을까?'
- '백성을 잘 다스리려면 목민관에게 어떤 자세가 필요할까?'

다산은 이런 질문을 하며 집필에 몰두했을 것이다. 다산이 이룬 성과는 대부분 18년간 강진 유배생활의 고초 속에서 탄생했다. 한 사람이 뜻을 세워 몰두하면 못할 일이 없다는 사실을 몸으로 실천해 보였다. 작업에 몰두하느라 바닥에서 떼지 않았던 복사뼈에 세 번이나 구멍이 났다. 치아와 머리카락도 다 빠졌다. 20년 가까운 오랜 귀양살이는 다산 개인에게는 절망이었으되, 조선 학술계를 위해서는 벼락같이 쏟아진 축복이었다. 뿐만 아니라 그는 많은 제자를 길러냈다. 만약 그가 인생을 자포자기하고 허송세월로 시름을 달랬다면 우리는 다산을 기억하지 못할 것이다.

앤서니 라빈스은 위기에서 자신감을 회복하기 위한 긍정적인 질문법 5가지를 알려주었다.

- 이 문제의 좋은 점은 무엇인가?
- 아직 완전하지 않은 부분은 어느 곳인가?
- 이 일을 내가 원하는 방향으로 해결하려면 무엇을 할 수 있을까?
- 이 일을 내가 원하는 방향으로 해결하려면 무엇을 포기해야 하는가?
- 이 일을 내가 원하는 방향으로 해결하려고 필요한 일을 하는 동안, 어떻게 하면 그 과정을 즐길 수 있을까?

이렇게 질문하면 자신감을 다시 회복할 수 있다. 우리가 얻는 답은 우리가 하는 질문에 달려 있다. 성공한 사람은 어떠한 큰 장애물을 만나더라도 자신감을 회복하는 긍정적인 질문을 많이 했다. 그리고 답을 찾았다. 모든 것이 질문에 달린 것이다. 지금 힘이 드는가? 이렇게 질문해 보라.

- '지금 이 순간 진정으로 행복하다고 할 만한 것은 무엇인가?'
- '내가 진정으로 감사하다고 생각하는 것은 무엇인가?'

시간을 내어 눈을 감고 조용히 답을 찾아보라. 다시 힘이 날 것이다. 의욕과 자신감이 솟구쳐 오를 것이다.

성공 일기

구글의 수석 디자이너 김은주 씨는 자신의 감사 일기에 하루 동안 자신에게 칭찬할 일 3가지를 매일 적었다고 한다. 이를 통해 내면의 힘을 기르고, 자신을 좀 더 객관적으로 바라볼 수 있게 되었다고 한다. 성공 일기도 원리는 같다. 작은 성공을 매일 기록하는 일은 매일 의욕을 불어넣은 일이다. 보도 섀퍼는 자신의 성공 일기를 매일 기록하라고 제안했다. 이 방법은 청소년에게도 매우 유용하다.

실제로 중학생 이후 청소년들은 주변의 친구나 부모님, 선생님에게 칭찬보다는 잘못된 점을 훨씬 더 많이 들으면서 자란다. 특히 성적표나 태도와 관련해 과정은 거의 무시당하고 결과로 평가받는다. 자연스레 자신감이 떨어진다. 그러나 기억해야 할 것은 부정적인 평가가 전체의 나를 표현한 것이 아니라는 사실이다. 말하지 않은 더 많은 강점과 장점이 이미 매일 드러나고 있다. 이 부분을 의도적으로 찾아서 기록해 보는 것이다.

사람은 외부의 평가는 물론 자신을 스스로 평가하는 데도 엄격하다. 뇌가 위험을 대비하려고 그렇게 작동하기 때문이다. 뇌는 잘 하고 긍정적인 것보다 실수나 실패를 더 쉽게 더 오래 기억한다. 그러니 지금 기억하는 우리의 단점은 매우 부정적으로 편향되어 있다고 할 수 있다. 이를 바로잡는 노력이 성공 일기 쓰기다. 성공 일기를 쓰기 위해 스스로 던져볼 질문은 다음과 같다.

질문	실행결과
1. 나는 오늘 무슨 일을 끝냈는가?	– 제시간에 버스 탑승 – 제시간에 기상 – 30분간 운동 – 컴퓨터 게임 절제 * 작은 일에서 어려운 일까지 모두 가능
2. 나는 오늘 누구를 도와주었는가?	– 친구에게 연필을 빌려줌 – 아무도 발표를 하지 않을 때 스스로 나가서 발표함 – 엄마가 불을 꺼달라고 할 때 불을 끔 – 책상 위 지우개 가루를 치움
3. 나는 오늘 누구에게 칭찬을 들었는가?	– 캐릭터 옷 꾸미기를 했는데, 친구에게 '최고'라는 댓글을 받음 – 선생님께 "글씨를 깨끗하게 썼구나"라는 말을 들음 – 동생을 도와주었을 때, 엄마에게 "잘 했다"는 말을 들음 – SNS에 올라온 댓글에서 부모님이나 선생님 혹은 우연히 마주친 사람이나 친구에게 들은 작은 인정의 말 따위

쓸 게 도저히 생각나지 않더라도 자책하지 마라. 진실은, 쓸 내용이 없는 것이 아니라 아직 익숙하지 않아 방법을 모르거나 기억을 하지 못할 뿐이다. 그리고 계속 쓰다 보면 더 많이 생각나게 된다. 믿고 도전해 보길 바란다.

생각을 바꾸는 질문

긍정심리학을 개척한 마틴 셀리그먼(Martin E.P. seligman)은 우리가 왜 긍정적으로 살아야 하는지, 어떻게 하면 긍정 인간으로 바뀌는지 평생 연구한 학자다. 마틴 셀리그먼은 긍정적인 사람이 질병 저항력도 높고, 행복하고, 장수한다는 사실을 《학습된 낙관주의》와 《긍정심리학》에서 설명했다.

보통 사람은 다른 사람에게 비난을 받거나 책임 추궁을 당하면 본능적으로 자기 방어를 한다. 이런저런 상황을 말하며 불가피했다느니 본의 아니게 그렇게 되었다느니 하는 변명을 늘어놓기 마련이다. 그러나 자기가 자기 자신을 공격하면 반박하지 못하고 공격한 내용을 기정사실화 하며 무기력하게 무너진다.

예를 들어 "네 주제에 무엇을 할 수 있겠어, 네가 할 수 있는 일은 아무것도 없어" 하고 다른 사람이 공격하면, "내가 뭐 어때서?" 하고 반발하던지 자기변명을 늘어놓는다. 그러나 똑같은 내용으로 스스로 자신을 공격한다면 모든 것을 순순히 인정하고 만다. 자기를 스스로 '무능력한 바보'로 인정해버린다. 그런데 마틴 셀리그먼은 자기 자신의 공격을 효과적으로 반박하면 무기력증이나 우울증은 물론 극단적 선택에서 벗어날 수 있다고 주장한다.

잘못된 신념은 잘못된 결과를 낳는다

자신에게 반박하기는 불행한 사건(나쁜 일), 잘못된 신념, 잘못된 결과, 반박, 활기 5단계를 거친다. 불행한 사건이 잘못된 신념을 낳고, 잘못된 신념이 잘못된 결과를 초래하므로, 잘못된 신념을 반박해야 한다. 사건(나쁜 일)은 누구에게나 흔히 일어나는 일이다. 열심히 시험공부를 했는데 기대만큼 점수가 안 나오기도 한다. 남들보다 열심히 연습했는데 대회만 나가면 예선에서 탈락하는 경우도 있다. 이럴 때 어떻게 생각하는가. 나쁜 일을 어떻게 해석하는가. '역시 나는 능력이 없어!', '그렇지 뭐, 내가 하는 일이 잘되는 게 있겠어!', '역시 나는 머리가 나쁜 것 같아'와 같이 잘못된 신념을 품게 될 때가 많다. 잘못된 신념은 잘못된 결과를 낳는다. 불행한 사건과 잘못된 신념이 결합하면 나쁜 감정을 품게 된다. '슬프다', '걱정이다', '큰일이네'와 같은 감정 상태가 된다. 이런 감정으로는 좋은 결과를 얻지 못한다. 다음 사례를 보자.

사례 1

불행한 사건(나쁜 일)	열심히 공부했는데 원하는 성적을 얻지 못했다. 부모님에게 돈 들여 학원 보내고 과외까지 했는데 성적이 왜 그 모양이냐는 꾸중을 들었다.
잘못된 신념	나는 공부에는 재능이 없는 게 맞아. 공부는 노력에 비해 결과가 항상 좋지 않았어.
나쁜 결과	공부를 포기한다.

사례 2

불행한 사건(나쁜 일)	좋아하는 친구가 그만 만나자고 한다.
잘못된 신념	나는 문제가 많아. 외톨이로 살아야 하나 봐. 뭐 하나 잘하는 게 없는데 누가 날 좋아하겠어.
나쁜 결과	대인 기피증이 생긴다.

사례 3

불행한 사건(나쁜 일)	이번 대회에서 친구는 대상을 받았는데 나는 예선 통과도 못했다.
잘못된 신념	연습을 많이 하는데 실력은 늘지를 않네, 나는 재능이 부족한 게 틀림없어. 부모님이 나한테 돈을 많이 쓰니 미안하다. 포기하는 게 빠르다.
나쁜 결과	연습을 그만한다.

부정적인 신념 반박하기

위의 사례에서 보듯 신념이 부정적이면 결과도 부정적이다. 부정적이고 잘못된 신념은 자기 자신을 공격적으로 비판한다. 마틴 셀리그먼은 이런 상황에서 긍정적인 결과를 얻는 방법으로 두 가지를 제시한다. 첫째는 '주의 돌리기'고, 둘째는 '반박하기'다. 나쁜 생각은 늘 꼬리에 꼬리를 물고 이어진다. 이때 나쁜 생각이나 비관적인 생각이 들 때 주의를 다른 곳을 돌리는 방법은 효과가 크다.

'주의 돌리기'는 나쁜 일이 생기면 생각할 시간을 나중에 잡아두는 방법으로 일단 주의를 다른 곳으로 돌린다. 이를테면 '이 문제는 지금 생각하지 말고 오늘 저녁 6시에 하자'처럼 근심거리가 생겨서 생각을 멈추기가 어려울 때는 '그만! 나중(몇 날 몇 시)에 잘 생각해보자'는 식으로 스스로 결정하면 된다. 나아가 근심거리가 생긴 순간에 그것을 종이에 적어 두어라. 근심거리를 적어 두기와 그것에 관해 생각할 시간을 잡아 두기를 병행하면 효과를 본다.

두 번째는 자기 자신에게 '반박하기'다. 자기에게 스스로 하는 근거 없는 비난을 효과적으로 반박하려면 다음에 나오는 4가지 질문이 필요하다.

〈그것이 사실인가?(증거)〉 잘못된 신념이나 부정적인 신념에 반박하기 위해서는 그것이 잘못됨을 알리는 증거를 찾아내야 한다. 친구가 그만 만나자고 한 것과 내가 잘하는 게 하나도 없는 게 무슨 상관인가? 잘못되고 부정적이 신념이 생기면 습관적으로 이것을 점점 확고히 하는 증거들만을 찾으려고 한다. 긍정적인 증거보다는 부정적인 증거가 구체적으로 다가오는 이유는 무엇인가? 이것은 그야말로 어두운 길이다. 이제는 잘못된 신념의 잘못된 증거를 찾기 위해 다음과 같이 질문해야 한다. '내가 생각하는 이런 생각들이 진짜 사실인가?'

〈다르게 볼 여지는 없나?(대안)〉 우리가 맞닥뜨리는 불행한 사건(나쁜 일)은 한 가지 원인만 있지 않다. 대회에서 예선 탈락한 이유도 여러 가지다. 준비가 부족할 수도 있고, 그날따라 컨디션이 안 좋았을 수도 있고, 대회 취지에 안 맞는 방법으로 연습했을 수도 있고, 심사위원들에게 문제가 있었을지도 모른다.

비관주의자들은 가장 나쁜 이유에 집착한다. 수많은 원인 가운데 굳이 해로운 것에 집착할 필요가 있을까. 이제 유리한 원인을 찾아내 반박해 보자. 예를 들어 '내가 연습이 소홀에서 예선 탈락했지 결코 재능이 부족하지는 않아' 하고 반박하면 다음번엔 더 열심히 연습하게 된다.

〈그래서 어떻다는 것인가?(함축)〉 오프라 윈프리(Oprah Winfrey)는 겨우 9살 때 삼촌에게 성폭행을 당했다. 그 후에도 친척과 주변 사람에게 성폭행을 당했고, 14살에 아이를 낳았다. 마약을 하기도 하고, 비만으로 괴로워하기도 했다. 오프라 윈프리는 지금 미국에서 존경받고 성공한 여성의 대명사가 됐다.

자신의 분야에서 최고가 된 원동력은 긍정적인 질문이었다. 오프라 윈프리는 '사생아다', '가난하다', '뚱뚱하다', '미혼모다'와 같은 부정적인 말을 들어야만 했다. 그때마다 그녀는 질문했다. '그래서? 그게 뭐 어쨌다고?', '성폭행당한 일이 내 책임은 아니지 않은가?', '미혼모라고 해서 내가 능력이 부족한 게 아니지 않은가?', '도대체 그런 것들이 내가 살아가는 데 무슨 장애가 된다는 것인가?'라고 말이다. '친구와 헤어진 게 뭐 어때서?', '대회에서 예선 탈락하기도 하지 뭐 어때서?'처럼 반박해 보자.

〈이것이 어디에 쓸모가 있나?(유용성)〉 신념이 때로 옳을지도 모른다. 공부에 재능이 부족할지도 모르고, 친구 관계에 문제가 있을지도 모른다. 그렇다고 지나간 일에 집착하여 이제 와서 그런 문제로 고민하고 걱정해봤자 무슨 소용이 있겠는가? 이때 '지금 이것을 생각하는 것이 나한테 도움이 되는가?' 하고 질문해 보라. 그래서 도움이 안 된다고 생각하면 앞에서 언급한 '주의 돌리기' 기법을 사용하라. 또 다른 방법은 현재 상황을 바꾸기 위한 모든 방법을 찾아보는 것이다. 설령 자신의 신념이 맞더라도 '혹시 상황이 바뀔 수는 없는가?', '상황을 바꾸기 위해 내가 할 수 있는 일은 무엇인가?' 하고 질문해야 한다.

이렇게 부정적 신념에 반박을 하면 활기가 생긴다. 의기소침하거나 기분이 나빴더라도 반박을 하고 나면 기분이 좋아지고 자신감을 얻어 새로운 뭔가를 시도할 수 있다. 이제 나쁜 일이 생길 때마다 자동적으로 생기는 잘못된 신념을 반박하는 자세를 지녀야 한다.

고1인 세영이는 자신의 외모에 불만이 많았다. 자신은 얼굴이 못생겨서 친구가 없다고 생각했다. 매일 아침 등교 준비를 하는 데만 한 시간이 넘게 걸리고, 친구들을 만나러 나가는 날이면 풀 메이크업에 머리 손질까지 두 시간을 훌쩍 넘겼다. 세영이는 자신의 외출 전 머리 손질과 메이크업을 포기할 수 없었다. 고2가 되면 쌍꺼풀 수술은 물론 코 수술도 하고 싶은데 부모님이 허락하지 않는 게 최대 고민이었다.

문제는 외모를 가꾸는 데 매일 너무 많은 시간이 걸리고, 손에 거울을 놓지 않고 살다 보니 학교나 학원에서 선생님들의 오해를 받고 있다는 사실이었다. 사실 세영이 자신에게는 이런 오해가 큰 문제가 되지 않았지만 부모님에게는 깊은 고민이었다. 세영이에게 진짜 문제는 따로 있었다. 지금 외모로는 자신을 도저히 용납할 수도 만족할 수도 없었다. 자존감이 바닥이었다. 친구들을 사귀는 데에도 소극적이고 스스로 학교생활이 불행하다고 느꼈다.

"세영아. 넌 어떤 사람이 되고 싶어?"
"연예인처럼 예쁜 사람이요.
"연예인 누구처럼 되고 싶은데?"

"어, 딱 이 연예인 얼굴이다 하는 건 없는데 눈매는 ○○○, 코는 ○○○, 몸매는 ○○○."

"아, 그런 연예인 모습을 닮고 싶구나."

"아니요, 전 그렇게 될 수가 없어요. 그렇게 타고나질 못한 걸요. 이번 생은 완전 망했어요. 그래도 눈이랑 코랑 턱이랑 수술하면 그나마 좀 봐줄 수 있을 것 같아요."

"예쁜 연예인을 보면 어때?"

"완전 부럽죠. 사람들이 다 예쁘다고 하고."

"사람들이 모두 예쁘다고 하면 행복할 것 같아?"

"당연한 거 아닌가요?"

"만약 예쁘기는 한데 불행하다면 이유가 뭘 것 같아?"

"그런 이야기도 듣기도 했는데 어차피 예쁜 걸 타고났으니까…."

"예쁜 걸 타고난 사람들이 왜 불행하다고 생각하는 걸까?"

"글쎄요. 다른 게 뭐가 없어서요? 하긴 사람들이 욕하고 그러면 힘들 거 같아요."

"세영아, 네가 원하면 수술도 할 수 있고, 화장도 할 수 있어. 당연히 네 삶이니까 네가 선택하고 책임지면서 살면 된다고 생각해. 그리고 만약에 네가 수술을 하던지 하지 않던지 네 삶에 만족하고 행복할 방법이 있다면 한번 알아보고 싶은 생각이 있어?"

"그런 게 있어요?"

세영이와 함께 '얼굴이 이뻐야 사람들에게 인정받을 수 있다'는 생각을 반박하는 작업을 시작했다. 세영이가 생각하기에 외모는 아니지만 매력적인 사람들, 그리고 세영이는 예쁘다고 생각하는데 친구들은 아니라고 하는 연예인들, 또 친구들은 다 예쁘다고 하는데 세영이 눈에는 예쁘거나 멋있지 않은 친구들에 대한 이야기를 나누면서 조금씩 이해의 폭을 넓히기 시작했다. 점차 외모가 예쁘다는 게 조금 더 들여다보면 사람마다 보는 게 다르고, 외모보다 사람의 태도나 성격이 판단에 영향을 주기도 한다는 것, 연예인의 이미지 메이킹은 인격을 보여주는 것의 일부라는 것들을 천천히 이해하기 시작했다. 그러자 자연스레 관심이 외모에서 자신이 하고 싶은 것, 친구들과 잘 지내는 법으로 건너가게 되었다.

자신을 점검하는 질문

'나는 누구인가?', '나는 어떤 사람인가?'와 같은 질문을 하며 자신을 알아가는 과정은 매우 소중하다. 다음과 같은 질문을 해보자.

- '나에게 가장 중요한 것은 무엇인가?'
- '내가 가장 존경하는 인물은 누구인가?'
- '내가 결단코 되고 싶지 않은 인물 유형은 무엇인가?'
- '어떠한 여건에서든 내가 결코 양보할 수 없는 가치관은 무엇인가?'

성균관대학교 의과대학 신경과 나덕렬 교수가 한 고백은 자신을 파악하는 일이 얼마나 중요한지 알려준다.

"그저 아무런 생각 없이 숨 가쁘게 열심히 살아가고 있던 40대 중반의 나에게, 1999년 말 어느 날, '삶이란 무엇인가?'라는 물음이 내부에서 요동치기 시작했다. 그때부터 나는 생각하고 또 생각했다. '나는 누구인가?', '나는 무얼 하려고 이 세상에 왔는가?', '내가 원하는 삶은 진정 어떤 모습인가?' 그때부터 나는 어떤 것이 진리라고 여겨지면 즉각 생각과 행동을 바꾸어보았고, 진리를 위해서라면 죽을 수 있다는 각오도 했다."

'나는 누구인가?'라는 질문이 중요한 이유

전과자나 노숙자에게 인문학을 가르치는 일이 중요한 이유도 '나는 누구인가?' 하고 스스로 질문하도록 만들기 때문이다. 이런 질문은 자신을 점검하는 기회를 준다. 질문은 노숙자 스스로 자존감을 회복하도록 돕는다. '나는 누구인가?'와 같은 질문으로 자존감을 회복하면 멀쩡한 육체로 노숙하거나 얻어먹는 일이 부끄럽다는 사실을 깨닫는다.

《희망의 인문학》에는 얼 쇼리스(Earl Shorris)가 빈민과 노숙자에게 인문학을 가르치려고 '클레멘트(Clemente) 인문학 코스'를 만든 이유가 나온다. 얼 쇼리스는 미국처럼 풍요로운 나라에서 왜 누구는 잘살고 누구는 못사는지 이해하지 못했다. 얼 쇼리스는 이 질문에 답을 찾으려고 가난한 사람들을 만났다.

얼 쇼리스는 살인 사건에 연루되어 8년 넘게 복역 중인 여인을 만났다. 여인에게 뜬금없이 사람들은 왜 가난하냐고 질문했다. 여인은 말했다.

"시내 중심가 사람들이 누리고 있는 정신적 삶이 우리에게는 없기 때문이죠. 극장과 연주회, 박물관, 강연회 같은 것 말입니다."

이 대답은 얼 쇼리스가 그토록 찾아다닌 질문의 해답이 되었다. 얼 쇼리스는 가난한 이들에게 먹을거리도 중요하지만 인문학이 필요하다는 사실을 깨닫고 1995년 성매매 여성, 노숙자, 빈민, 죄수, 알코올 중독자, 마약 중독자, 에이즈 환자 같은 사람을 대상으로 정규 대학 수준의 인문학 강좌 '클레멘트 인문학 코스'를 만들었다. 인문학 코스를 수강한 사람은 '나는 누구인가?'와 같은 질문을 하며 자기 내면을 들여다보고 자기 정체성과 자존감을 회복하게 되었다.

미래 설계는 자기 자신을 아는 것에서부터

자신을 점검하는 일은 자신을 갈고닦는 과정이다. 스티븐 코비는 자기 점검을 '내면에서부터 변화하여 외부로 향하는' 접근법이라고 표현했다. 이것은 행복한 성공을 이루고자 하는 사람이 해야 하는 가장 기본적인 것으로 자기 자신의 깊은 내면을 질문으로 살펴보는 일이다.

다른 사람이 우리에게 좋게 대해주기를 원한다면, 우리 자신이 먼저 더욱 이해심이 많고, 공감적이며, 또 일관성 있게 사랑을 베푸는 사람이 되어야 한다. 우리가 남들한테 신뢰를 받으려면, 먼저 신뢰받을 만한 사람이 되어야 한다는 뜻이다. 스티븐 코비는 《성공하는 사람들의 7가지 습관》에서 '자기 자신에 대한 개인의 승리'가 다른 사람과 맺는 '대인관계의 승리'를 앞선다고 보았다. 또한 자신을 개선하기 전에 다른 사람과 관계를 개선하려는 시도는 결국 쓸데없는 일이라고 여겼다. 즉, 자신의 변화 없이 다른 사람을 바꾸지 못한다는 뜻이다. 자기 자신의 변화는 자신을 향한 끊임없는 질문으로 가능하다.

다음은 자기 자신을 점검하는 질문이다. 현재 자신의 모습도 모르면서 어떻게 미래를 설계하겠는가? 현재 내가 가는 길이 제대로 된 길인지 점검해 보아야 한다. 다음에 나오는 '자신을 점검하는 질문'을 해보자. 곰곰이 생각해보는 시간은 의미가 크다.

- '나는 누구인가?'
- '나는 무엇을 잘 하고 무엇을 못하는가?'
- '내가 타고난 재능은 무엇인가?'
- '내 성격에서 약점은 무엇인가?'
- '내가 가장 하고 싶은 것은 무엇인가?'
- '나는 무얼 하려고 이 세상에 왔는가?'
- '지금 내가 하고 싶은 일의 미래 전망은 어떠한가?'
- '나에게 가장 중요한 것은 무엇인가?'
- '내가 본받고 멘토로 삼을 만한 인물은 누구인가?'
- '어떠한 여건에서든 내가 결코 양보할 수 없는 가치관은 무엇인가?'
- '나는 지금 최선을 다하고 있는가?'

하나하나 질문에 답을 찾아보라. 질문에 답을 찾아가다 보면 실패한 사람은 용기를 얻을 수 있고, 절망 가운데 있다면 희망을 찾을 수 있다. 혹시 여러분이 돈과 명예를 위하여 열심히 돌진하고 있는 사람이라면, 지금 이 순간 잠시 멈춰 서서 자신을 점검해 보길 바란다. 그렇게 달려가는 중에 어떤 기쁨을 느끼는가? 나로 인하여 고통받는 사람은 없는가? 나는 어떤 사람으로 기억되길 원하는가? 답을 찾아가다 보면 내면으로부터 변화가 일어나기 시작한다.

초등학교 5학년 단희는 유튜버가 되고 싶은 꿈이 있었다. 친구와 매주 게임 영상을 찍어서 올리기로 했는데 자기가 계속 그 일을 미루고 있다며 친구와의 약속을 지키고 싶다고 했다. 단희가 유튜버가 되기로 결심한 건 최근이다. 꿈을 바꾼 계기를 물어보니 친한 친구와 그렇게 하기로 약속했다는 것이었다. 단희는 친구들과 평화로운 관계를 중요하게 생각하고, 동물을 대하는 사랑이 남다르게 깊은 친구였다. 유튜버가 되기 전의 꿈도 동물들을 위한 일을 하는 것이었는데, 다소 막연한 상태였다가 친구와 의기투합해 유튜버가 되기로 결심한 것이었다.

"단희야, 무인도에 정말 소중한 것 세 가지만 가져간다면 뭘 가져

갈 거야? 사람, 동물, 물건 무엇이든 가능하단다."

"부모님, 마당에 있는 동물, 친구요"

"단희에게는 가족과 동물, 친구가 중요하구나."

"네, 전 친구들이 다 사이좋게 지냈으면 좋겠어요. 싸우는 게 싫어요."

"단희에게는 싸우지 않고 평화롭게 지내는 게 중요하구나. 단희가 평소 재미있게 하거나 잘 한다고 스스로 생각되는 건 뭐야?"

"전 동물을 돌보는 게 좋아요. 초등학교 2학년 때 학교 앞에서 병아리를 샀는데 제가 키워서 닭이 되서 알도 낳았어요."

단희는 동물을 좋아하는 평화주의자였다. 코칭이 끝난 후 단희는 유튜버가 자신의 꿈이 아닌 친구의 꿈이라는 사실을 알게 되었고, 다시 동물들을 위한 일을 하겠다고 했다. 지금은 수의사나 조련사 정도밖에 알지 못하지만 새로운 직업을 한 번 만들어 보거나 찾아보기로 했다.

청소년기에는 흔히 미디어에서 유행하거나, 남들이 좋다고 한다거나, 좋아하는 친구들을 따라 꿈을 결정하기도 한다. 그러다 고3이 되면 성적에 따라 진로를 정하게 된다. 어릴 때부터 자신을 알아가는 질문을 던지고 그에 답하는 시간을 가진다면, 좋아하는 일을 하면서 돈도 버는 삶을 즐길 수 있다.

약점을 고치는 질문

사람은 누구나 장점과 약점이 있다. 당연히 장점은 살리고 약점은 고쳐야 한다. 장점을 살리는 일도 쉽지 않지만 약점을 고치기는 또 얼마나 어려운가. 모든 것을 완벽하게 갖추고 있어도 결정적인 약점이 있으면 그것 때문에 발목을 잡히기도 한다. 종종 고위직 공무원, 국회의원, 대학교수, 성직자들이 존경받는 자리에 있다가 치명적인 약점 때문에 밑으로 추락하는 모습을 많이 볼 수 있다. 개인의 능력과는 상관없는 일이다. 백 가지 장점이 있어도 치명적인 약점 한 가지로 추락하게 된다. 다음 신문기사를 보자.

평소 술에 취하면 억눌려 있던 폭력 성향을 보여주던 대학생 J(25) 씨는 전 여자친구 K(20) 씨를 때렸고, 그 부모가 이 같은 자신의 치부를 드러낸 데 앙심을 품어오다 이날 K 씨 부모를 죽이는 끔찍한 범죄를 저질렀다.

　같은 날 천안에서는 헤어지자는데 앙심을 품고 여자 친구 부모가 운영하는 식당에 자동차로 돌진한 후 여자 친구를 흉기로 위협해 폭행한 A(33) 씨가 살인미수 혐의로 붙잡히기도 했다. 지난해 12월에는 서울의 명문대생(21)이 같은 대학 여학생과 약 1년간 사귀고 헤어진 후 스토킹하며 지속적으로 괴롭히다 홧김에 전 여자 친구를 목 졸라 살해했다. 대구 지역에서도 지난 1월 B(24) 씨가 "헤어지자"는 말에 격분해 여자 친구를 폭행해 실신시킨 뒤 1시간 40분간 차량에 감금한 채 도주, 경찰의 추격 끝에 붙잡혔다. 또 2012년 6월에는 헤어진 여자 친구의 집에 찾아가 성폭행하고 12월에는 흉기로 위협한 C(27) 씨가 붙잡히기도 했다. 지난해에는 한 고교생 D(18) 군이 헤어지자고 했다는 이유로 옛 여자 친구의 얼굴을 합성한 나체사진 10여 장을 SNS에 게재·유포했다가 경찰에 적발됐다. 계명대 경찰행정학과 정육상 교수는 "헤어짐을 받아들이지 못해 대부분 우발적으로 발생하는 사건이 많다"며 "어린 시절 성장 과정에서 비뚤어진 성격이 형성되면서 폭력성이나 집착 등이 생겼을 수도 있다"고 지적했다.　　　　　　　　　　　　　　　〈대구신문〉

누구나 약점이 있다

사람들은 자기 자신에게 어떤 약점이 있는지 잘 안다. 꼭 고칠 필요가 없는 약점도 있고, 고치기 어려운 약점도 있다. 또한 반드시 고쳐야 하는 약점도 있다. 문제는 반드시 고쳐야 할 약점을 고치려고 하지 않는 데 있다.

약점을 고치는 과정은 자신의 약점이 무엇인지 질문하는 것부터 시작한다. 생각나는 약점을 종이 위에 적어보자. 10가지가 되든 20가지가 되든지 적어보라. 겸손하게 적어야 한다. 여러분이 약점으로 인정하지 않으면 고치지 못한다. 너무 많은가? 여러분만 그렇지 않다. 우리가 아는 위인들도 약점이 많았다. 약점이 문제가 아니라 약점을 고치려고 하지 않는 게 더 큰 문제다. 미국에서 심리상담사로 활동하는 플립 플리펜(Flip Flippen)이 쓴《위대한 반전》에는 약점을 다음과 같은 세 부류로 나누고 있다.

대수롭지 않은 약점	특정한 역할이나 직업에는 영향을 끼칠 수 있으나 일반적으로 성공 여부에는 커다란 영향을 주지 않는다. 패션 감각, 키가 크거나 작은 것, 왼손잡이, 음치, 운동신경
도움을 받을 수 있는 약점	비난을 받을 수도 있지만 외부의 도움을 받아 해결할 수 있는 것들이다. 정리를 잘못한다거나 조직적이지 못하거나, 문법이 서투른 것 등을 들 수 있다. 이런 것은 가정부를 고용해 정리하거나 비서를 고용해 일을 조직적으로 처리하게 하거나 컴퓨터의 문법 교정 프로그램을 이용하거나 교정 전문가를 고용해 해결할 수 있다.

해결해야 할 약점	이 유형의 약점은 여러분이 개인적인 삶이나 직업에 가장 심대한 영향을 끼친다. 나는 트레이닝 전문가를 고용해 운동을 열심히 하려고 노력하고 있지만 마음먹은 대로 잘 안 되고 있다. 운동은 내가 해야지 누가 대신해줄 수 있는 것이 아니다. 이런 약점으로는 자신감 부족과 통제력 결여, 그리고 신뢰감 부족과 같은 성격적 문제들이 있는데, 이것은 당사자가 변해야만 해결할 수 있다. 이런 약점들을 극복하기 위한 노력은 인생에 커다란 변화를 가져올 수 있다.

약점 쓰기를 모두 끝냈으면 나열한 약점을 살펴보자. '대수롭지 않은 약점'에는 신경 쓸 필요 없다. 신경 쓴다고 작은 키가 자라지도 않는다. '해결해야 할 약점'에 집중하라. 너무 많은가? 그렇더라도 약점이 인생에 악영향을 끼친다면 고쳐야 하지 않겠는가. 흔히들 타고난 성격은 고치기 어렵다고 말하지만 고치지 못하는 게 아니라 고치기 어려울 뿐이다.

약점을 고치는 방법

벤자민 프랭클린이 사용한 방법은 약점을 고치는 데도 유용하다. 프랭클린은 다음에 나와 있는 13가지 덕목을 정하고 일주일에 한 가지씩 엄격히 실천했다. 실천을 반복하다 보면 13가지 덕목이 자연스럽게 몸에 밸 것이다.

<벤자민 프랭클린의 13가지 원칙>

1. 절제-폭음 폭식을 삼간다.

2. 침묵-타인 또는 나에게 유익한 일 이외에는 말하지 않는다. 쓸데없는 말은 하지 않는다.

3. 규율-모든 물건은 위치를 정해 놓고, 일도 시간을 정해 놓고 진행한다.

4. 결단-해야 할 일은 실행할 것을 결심한다. 그리고 결심한 일은 꼭 실행한다.

5. 절약-타인과 자신에게 유익한 일을 모색하고 낭비하지 않는다.

6. 근면-시간을 헛되이 쓰지 않는다. 언제나 유익한 일에 힘을 쏟는다. 불필요한 행동을 하지 않는다.

7. 성실-타인에게 폐가 되는 거짓말은 하지 않는다.

8. 정의-타인에게 해를 입히는 행위는 하지 않는다.

9. 중용-생활의 균형을 지키고 화내지 않으며, 타인에게 관용을 베푼다.

10. 청결-몸과 의복, 주변을 불결하게 하지 않는다.

11. 평정-하찮은 일, 피하고 싶은 일이 생겨도 평정을 잃지 않는다.

12. 순결-타인의 신뢰와 자존심에 상처를 입히는 행동은 피한다.

13. 겸손-예수와 소크라테스를 본받는다.

프랭클린은 13가지가 자신의 약점이라고 생각한 듯하다. 다음 일화가 추측을 뒷받침한다.

젊은 시절 프랭클린은 뜻을 품고 대도시로 나갈 결심을 했다. 작별 인사를 하려고 교회 목사를 찾아갔다.

"목사님, 제가 이제 청운의 꿈을 품고 도회지로 나가려고 합니다. 인사를 드리려고 왔습니다. 목사님, 제가 꼭 기억해야 할 귀중한 말씀을 한마디만 해주시기 바랍니다."

목사는 아무 말도 하지 않고 눈만 끔뻑끔뻑하면서 프랭클린을 쳐다보았다. 시간이 한참 지났다. 목사는 아무 소리도 하지 않았다. 프랭클린이 얼마나 멋쩍었겠는가? 시간이 흐른 뒤에 프랭클린이 어쩔 수 없이 자리에서 일어났다. "그럼 목사님, 안녕히 계십시오. 저는 그만 가겠습니다" 하고 머리를 긁적긁적하면서 나왔다. 프랭클린이 키가 좀 컸던 모양이다. "쾅!" 하고 세차게 문틀을 들이받았다. 갑자기 들이받아 아프고 놀라기도 해서 인상을 찌푸렸다. 그 모습을 보고 목사는 프랭클린을 불러 세웠다.

"여보게. 자네는 어디를 가든지 앞으로 고개를 숙이고 다니게. 그리고 아무리 언짢은 일을 당해도 인상 쓰지 말고 살게. 이 두 가지를 명심하면 무슨 일을 하든지 성공할 걸세."

프랭클린은 이 말을 마음에 깊이 새겨 좌우명으로 삼았다.

다시 한 번 나열한 약점을 보라. 한꺼번에 고치려고 하면 실패한다. 프랭클린이 실천할 덕목을 일주일에 하나씩 정해서 집중적으로 노력한 방법을 약점을 고치는 데 적용해 보자. 고쳐야 할 약점이 4가지라면 1주일에 한 가지씩 집중해서 약점을 고치려고 노력하라. 그러면 한 달에 한 번씩 훈련하게 되고, 1년이면 12번을 훈련하니 어지간한 약점은 고칠 수 있을 것이다.

　모든 사람에게 치명적인 약점은 거의 성격 문제다. 그런데 성격은 쉽게 고치지 못한다고 생각하여 포기하기 일쑤다. 그러나 성격은 노력하면 어느 순간 확 바꿀 수도 있고, 아주 천천히 바꿀 수도 있다. 중요한 사실은 바꾸려고 노력하면 결국 바뀐다는 것이다. 큰 약점이 있으면 결코 지도자로 성장하지 못한다. 충동적이고 감정적인 성격으로는 중요한 일을 맡지 못한다. 우유부단하고 게으른 성격으로는 아무것도 성취하지 못한다. 이기적인 욕심쟁이 옆에는 사람이 모이지 않는다. 약속을 지키지 않고 거짓말하는 사람은 주변 사람에게 신뢰를 얻지 못한다. 약점 투성이인 성격은 다른 사람에게 동기를 부여하지 못한다. 눈곱만큼도 영향력을 끼치지 못한다.

약점을 장점으로 전환하기

　현정이는 중학교 2학년 쌍둥이 동생이다. 언니는 책 읽기를 좋아하고 집중력이 높아서 공부를 잘 하는 편인 반면, 현정이는 이것저것 하다 그만두는 것이 많아 어릴 때부터 끈기가 없다고 부모님께 잔소리를 많이 듣는 편이었다. 그룹 코칭 활동에서 약점을 장점으로 바꾸는 시간이 있었는데, 현정이는 자신의 약점을 장점으로 바꾸는 게 불가능한 일이라고 말하며 자신은 포기하겠다고 했다. 현정이가 쓴 자신의 약점은 아래와 같았다.

현정이 약점 목록
- 나는 끈기가 없다.
- 나는 공부를 못한다.
- 나는 잘 하는 게 없다.
- 나는 집중력이 부족하다.
- 나는 게으르다.
- 나는 한심하다.

'이 약점 목록을 어떻게 장점으로 바꾸어 줄까?' 하는 생각이 들었다. 참여한 친구들이 현정이를 도와주기로 했다. 처음에는 아이들도 이건 너무 어렵다며 고민했지만, 또 한편으로는 현정이를 꼭 도와주고 싶은 마음도 내비쳤다.

다른 일에 호기심이 많은 아이들은 쉽게 흥미를 잃는 경향이 있다. 끈기가 없다는 건 관심이 다양하고 호기심이 많다는 의미다. 잘 하는 게 없다는 것도 비슷한 맥락이다. 관심이 다양하니 이것저것 많이 시도해 봤을 테고, 한 가지를 끝까지 하는 힘은 약했을 것이다. 그래서 "현정아, 지금까지 시도해 본 게 뭐가 있어?"라는 질문을 던졌다. 이 질문에 현정이는 신이 나서 이야기를 했다.

"사실 저는 하고 싶은 게 많아요. 소설 쓰는 걸 좋아해서 어플에 소설을 연재하고 있고요, 게임 유튜브를 하고 있어요. 편집하는 게 귀찮아서 많이는 못 올리는데 한 번 올리면 친구들이 웃긴다고 와서 댓글도 달아주고 그래요. 악기 배우는 것도 좋아하는데 딱 하나 잘 하는 건 없어요. 그래도 아는 건 있어서 지난번에 장기자랑 할 때 하모니카 쉬운 거 불어줬어요."

그 이야기에 아이들도 맞다고 맞장구를 쳤다. 공부를 못하는 게 아니라 안 하는 거 아니냐는 질문에 현정이는 웃으며 맞다고 했다. 자기는 공부가 영 재미가 없어서 안 하고 싶다고 하면서 말이다. 그래도 한 번 마음먹고 하면 잘할 수 있을 것도 같다는 말에 아이들이 함께 웃었다. 이제 현정이의 약점을 장점으로 바꾸어 보자.

현정이의 장점

- 나는 호기심이 많다.
- 나는 하기 싫은 건 과감하게 포기하는 결단력이 있다.
- 나는 다양하게 시도하는 걸 두려워하지 않는다.
- 나는 짧은 시간에 이해하고 다양하게 관심을 가진다.
- 나는 창의적이고 즉흥적이다.
- 나는 순발력이 있다.

현정이는 지금까지 자신이 한심하다고 생각했는데 약점이라고 생각한 부분에 이런 장점 요소가 있다는 사실을 발견하고 자신감에 가득 차서 집으로 돌아갔다.

소설 《완득이》의 첫 장면에서 완득이는 담탱이를 죽여 달라고 기도한다. 완득이를 괴롭히기 때문이다. 그러나 담탱이가 사실은 완득이를 누구보다 아끼고 사랑한다는 사실이 소설 중반부에 드러난다. 담탱이가 완득이에게 바란 점은 아버지가 난쟁이라는 자신의 약점을 숨기거나 도망치지 말고, 세상을 향해 당당히 외치는 것이었다.

"약점을 드러내 보이면 약점이 아니야!"

사실 우리가 생각하는 약점이 다른 면에서는 약점이 아니다. 세상을 향해 내가 약점이라고 생각하는 그것을 용기 있게 외쳐보자.

제3장

목표를 이루는 질문

나에게 중요한 것은
무엇인가?

운명을 바꾸는 세 가지 질문

앤서니 라빈스(Anthony Robbins)는 《네 안에 잠든 거인을 깨워라》에
서 다음 세 가지 질문이 운명을 좌우한다고 말했다.

(1) 어디에 관심을 둘 것인가?
(2) 그것은 내게 무엇을 의미하는가?
(3) 원하는 결과를 얻기 위해 무엇을 할 것인가?

목표를 이루려면 이 세 가지 질문이 중요하다. 이 세 가지 질문에
기초하지 않으면 어떤 성과를 내든 '성공했다'고 말할 수 없다. 의미
도 없고, 보람도 없고, 성취감도 없기 때문이다. 목표를 달성해도 만족
감이 없고 허탈감만 느낀다. 세 가지 질문 가운데 가장 중요하며, 다른

두 질문을 이끄는 질문은 '어디에 관심을 둘 것인가?'다. 이 질문을 하지 않으면 인생에 목표가 없다는 뜻이다.

사람은 중요하다고 생각하는 것에 관심을 두고, 관심을 두는 쪽으로 행동하게 마련이다. 음악에 관심이 있으면 음악가가 될 확률이 높다. 사업에 관심이 있으면 사업가가 되고, 정치에 관심이 있으면 정치가가 된다. 관심 있는 분야에 열정을 쏟는 사람이 인생을 재미있고 뜻있게 산다. 그리고 성공한다.

어릴 때 관심 있는 분야를 발견하고 집중하면 성공은 그만큼 빠를 것이다. 이세돌처럼 바둑에서 이름을 낸 사람은 모두 어려서부터 재능과 관심 분야를 찾아냈다. 도쿄올림픽에서 크게 활약한 양궁 김제덕 선수, 탁구 신유빈 선수, 스포츠클라이밍 서채현 선수는 모두 재능 있는 관심 분야를 일찍 찾았을 뿐만 아니라 피나는 노력을 했다. 타고난 재주만으로는 큰 성공을 기대하기 힘들다. 중요한 사실은 그 일을 놀이처럼 느끼는 것이다. 놀이처럼 느끼면 피나는 노력을 피나는 노력으로 인식하지 못한다. 즐기며 다른 사람보다 더 많은 시간을 투자했을 뿐이기 때문이다.

인생을 강물에 비유해 보자. 많은 사람이 어디로 가겠다는 구체적인 결정도 하지 않는 채 그냥 인생의 강물에 뛰어든다. 얼마 내려가지 않아서 여러 가지 사건, 두려움, 도전 등 이런 저런 일에 맞닥뜨리게 된다. 목표가 없는 사람은 더 큰 강으로 들어가는 분기점에서도 어디로 가기를 바라는지, 또는 어느 방향으로 가야 좋은지 의식적으로 결정하지 못한다. 그냥 물줄기를 따라 흘러갈 뿐이다. 자신의 가치관이 아닌 사회적 환경에 휘둘리며 집단의 일원이 된다. 결과적으로 잘못 가고 있다는 사실을 느끼지 못한다.

이렇게 무의식적인 상태로 살다가 어느 날 갑자기 물살이 빨라지고 요동을 치는 소리에 놀라 깨어나게 된다. 그때 바로 몇 미터 앞에 폭포가 있음을 발견하지만 배를 강변으로 몰고 갈 노조차 준비되어 있지 않다. 그제야 "아!" 하고 한탄하지만 때는 이미 늦었다. 목표가 없는 상태로 흘러온 사람은 물과 함께 폭포의 낭떠러지로 추락한다. 때로 그것은 감정의 추락이기도 하고 신체적인 추락, 또는 경제적인 추락일지도 모른다. 당시에 어떤 도전을 맞고 있더라도 상류에 있을 때 더 나은 결단을 하고 준비했더라면 문제를 예방할 수 있다. 10대 시절을 어떻게 보내느냐에 따라 인생 전체가 크게 달라질 수도 있다는 얘기다.

나에게 중요한 게 무엇인지, 어디에 관심을 둘지, 그것이 무엇을 의미하는지, 무엇을 어떻게 할지를 질문하지 않으면 그냥 강물에 몸을 맡기고 흐르는 대로 떠내려가는 것과 같다. 장애물이 나타났을 때, 예기치 못한 일이 일어났을 때 자신을 보호하고 방어할 능력도 없이 그냥 그렇게 살아간다. 이런 사람에게 성공이 어림없는 것은 당연하다. 평범한 생활도 불가능할 뿐만 아니라 자기 몸조차 온전히 지탱하기도 힘들다. 노숙자가 되든지 빌어먹든지 둘 중 하나다.

운동선수 가운데는 어려움과 장애를 극복한 사례가 많다. 남아프리카공화국의 수영선수 나탈리 뒤 투아(Nataile du Toit)의 사례를 보자. 그녀는 사고로 한쪽 다리를 잃었지만 국가대표 선수로 베이징 올림픽에 출전했다. 투아는 6살 때 처음 수영장에 가보고 이내 수영에 빠졌다. 10대 때 그녀는 잘 나가는 수영 유망주가 되었다. 수영은 투아에게 인생 자체였다.

불행은 17살 때 찾아왔다. 교통사고를 당했다. 수술을 몇 번 했지만 왼쪽다리 무릎 아래를 잘라내야 했다. 두 팔과 두 다리가 멀쩡해도 국가대표 선수가 되려면 만만치 않은 훈련이 필요한데, 한쪽 다리만으로 올림픽에 나간다는 생각은 아무나 하지 못한다. 처음엔 25미터도 수영하기 힘들었다. 적응하는 데만 몇 년이 걸렸다.

베이징 올림픽을 앞두고 하루 15킬로미터씩 훈련한 끝에 10킬로미터 수영 경기에 출전했다. 25명중 16위를 했다. 결승선을 들어올 때 관중들은 열광적인 박수를 보냈다. 절단 장애인의 이 종목 출전은 올림픽 역사상 처음이었다. 나탈리 뒤 투아는 이미 2004년 장애인 올림픽에서 금메달 5개를 땄다. 대단한 일이다. 하지만 그녀가 수영을 계속한 이유는 올림픽 출전이었다. 그녀에게는 질문이 있었다.

'어떻게 하면 올림픽에 나갈까?'

'어떻게 하면 정상인과 같이 겨룰 수 있을까?'

나탈리 뒤 투아는 이렇게 질문하며 힘든 훈련을 소화했다. 그리고 꿈꾸던 올림픽 무대에 당당히 섰다. 신문과 인터뷰를 할 때 그녀는 이렇게 말했다.

"누구나 인생에서 성공할 수 있어요. 챔피언이 되기 위해 금메달리스트가 돼야 하는 것은 아니죠. 스스로 꿈에 도달하는 사람이 진정한 챔피언이니까요. 제 꿈은 올림픽 출전이었고 꿈을 이뤘으니 성공한 거라고 생각해요. 자기 인생에 어떤 일이 일어나건, 목표가 있고 꿈이 있다면 그걸 달성하기 위해 계속 노력해야 해요. 이런 말을 종이에 쓴 일이 있어요. 인생의 비극이란 목표를 달성하지 못한 것이 아니다. 달성할 목표가 없는 것이 진정한 인생의 비극이다. 목표 달성에 실패하는 것은 비극이 아니다. 그러나 달성할 목표가 없는 것은 치욕이다. 그러니 높은 목표를 정하고, 자기를 믿고, 도전하자. 어떤 일도 가능하다."

미국 엔비에이(NBA) 필라델피아 세븐티식서스(philadelpha 76ers) 전구단주 팻 크로스(Pat Croce)는 질문을 많이 하는 사람이다. 처음 팀을 맡기 전(1995-1996년 시즌)에 식서스팀은 18승 64패로 리그 최하위였다. 시즌 내내 딱 한 번 미국 방송에 나왔다. 수익률은 다른 팀에 비하면 거의 없는 것이나 마찬가지였다.

하지만 팻 크로스가 맡고 나서 팀은 2000-2001년 시즌에는 56승을 기록하며 동부 컨퍼런스 챔피언십을 차지했다. 한 경기 평균 관람객

수는 2만 명에 육박했고, 경기 장면이 총42회나 TV에 생중계되었다. 팻 크로스는 이런 놀라운 성과를 만든 가장 중요한 역할을 '비전'이라고 말했다. 팀 목표를 찾고 목표를 실행할 구체적인 계획을 세워 성과를 냈던 것이다. 팻 크로스는 이런 질문을 했다.

- '나는 무엇에 열정을 느끼는가?'
- '이 아이디어가 내 열의를 자극하는가?'
- '스스로 실패하지 않는다고 확신할 때, 내가 할 일은 무엇인가?'
- '내 앞에 어떤 기회가 놓여 있는가?'
- '충족되지 않은 욕구는 무엇인가?'
- '그 욕구를 충족할 새로운 방식은 없는가?'
- '어째서 이 방식으로 해야 하는가?'
- '더 나은 방식은 없는가?'
- '어떻게 나의 참여가 효과를 발휘하도록 만들 것인가?'
- '만약에 그렇다면(......)?'

팻 크로스는 자신이 쓴 책 《선택의 힘》에서 "훌륭한 질문 없이 훌륭한 답이 존재할 수 없다"고 말했다. 팻 크로스는 끊임없이 '만약'이라는 물음표를 던졌다. 수많은 질문을 자기 자신에게 던진 끝에 목표 찾기를 완료했다.

뇌 과학과 목표 기록하기 효과

지금 공부하느라 바쁜가? 그래도 잠시 시간을 내어 보자. 그리고 '나의 꿈은 무엇인가?' 하고 진지하게 미래를 향해 질문해 보자. 자기계발서에서 한결같이 주장하는 게 있다. "간절히 원하는 것이 있으면 일단 적으라"는 것이다. 자신의 꿈을 종이 위에 기록하는 것은 성공을 향해 첫걸음을 떼는 것과 같다. 《종이 위의 기적, 쓰면 이루어진다》에는 꿈을 종이 위에 적어놓아야 성취할 수 있다고 강조하고 있다. 다음은 이 책에 나오는 핵심 구절이다.

- 꿈을 이루는 기록의 힘: 나중에 머리를 쥐어짜는 일이 없도록 지금 바로 자신만의 목표를 담은 목록을 작성하라.
- 일단 목표를 기록하고 나면 무의식적으로 두뇌는 목표를 달성하는 쪽으로 움직인다. 목표를 기록했을 때 비로소 삶의 수레바퀴는 돌아가기 시작한다.
- 기록이야말로 내면의 정신을 지속적으로 살찌우는 행위다. 매일 기록함으로써 그것들을 행동에 각인하고 삶을 바꿨다.
- 기록을 하며 여러분은 비로소 목표를 인식하고 그것을 달성하기 위한 행동을 시작하게 된다. 만약 한 가지 목표를 이루었다면 여러분은 갑자기 여러분 삶의 모든 영역에서 발생하는 행운들을 발견하게 될 것이다. 그렇게 되면 여러분이 거의 알아차릴 겨를도 없이 눈 깜짝할 사이에 기적은 일어나게 된다.

단지 목표를 적어두는 것만으로도 뇌는 목표를 향해 움직인다. '뇌가 목표를 달성하는 쪽으로 움직인다'는 믿기 어려운 사실을 뇌를 연구하는 학자들은 증명했다. 뇌는 우리 몸 전체를 조절하고 통제하는 기관이다. 뇌가 명령을 내리지 않으면 손가락 하나 꼼짝할 수 없다. 대소변을 보는 일도 뇌가 허락하지 않으면 못한다. 뇌가 명령하지 않으면 심장도 멎고, 소화기관도 멎는다. 그래서 뇌에 문제가 생기면 전신이 마비되고, 말을 못하고, 사람을 못 알아보고, 길을 잃는다.

사람의 뒤쪽 뇌는 물체, 색깔, 사람, 얼굴 표정을 알아보아 구별하고, 소리의 종류, 음 높낮이, 장단 등을 구별한다. 앞쪽 뇌는 뒤쪽 뇌가 받아들인 정보를 바탕으로 감각을 조절하고, 정보를 판단하고, 기획하고, 창조하는 활동을 한다. 그러니 앞쪽 뇌가 발달한 사람은 사회적으로 중요하고 가치 있는 일을 하고, 앞쪽 뇌가 발달하지 않으면 단순한 일을 한다. 중요한 것은 앞쪽 뇌에 이상이 생기면 사람은 희망과 꿈이 없어지고 미래에 대한 계획도 세우지 못한다는 사실이다. 꿈과 목표를 가지고 이것을 실현하기 위해 노력하는 사람은 앞쪽 뇌가 발달한다는 의미다.

신경세포와 뇌를 전깃줄과 컴퓨터에 비유해 보자. 뇌 활동을 이미지화할 수 있다면 이 세포에서 저 세포로 흐르는 전기가 번쩍번쩍할 것이다. '나는 누구인가?', '나는 무엇을 하려고 하는가?', '나는 무엇을 하려고 태어났는가?'와 같은 질문을 하는 순간 앞쪽 뇌는 전기가 번쩍번쩍할 정도로 아주 강하게 움직이기 시작한다.

앞쪽 뇌가 발달한 앞쪽형 인간은 어떤 특징이 있을까? 앞쪽형 인간은 뒤쪽 뇌로 들어오는 시각과 청각 정보를 무시하지 않는다. 그러나 자기 나름대로 아이디어나 해석을 중시한다. 수학문제를 푼다면 자기 나름대로 풀이 방법을 먼저 생각해 낸 다음 다른 사람의 풀이를 참고한다. 즉, '다른 사람의 의견은 그렇다 치더라도, 정말 나는 어떻게 생각하는가?'와 같은 사고방식을 유지한다. 또한 남의 이목에 상관없이 '나는 정말 무엇을 하려고 하는가?', '나는 무엇을 할 때 가장 기쁜가?'와 같은 질문으로 내가 하고 싶은 것을 찾아내고 실행한다. 이런 연구 결과로써 뇌 과학자들은 '일단 목표를 기록하고 나면 무의식적으로 두뇌는 목표를 달성하는 쪽으로 움직인다'는 사실을 증명한 셈이다.

<목표를 찾는 데 도움을 주는 질문>

다음의 질문 목록은 목표를 찾는 데 도움을 주는 질문들이다.

- '나는 어떤 사람이 되고 싶은가?'
- '나를 가슴 설레게 하는 일은 무엇인가?'
- '내가 가장 소중히 생각하는 것은 무엇인가?'
- '나는 무엇을 하려고 태어났는가?'
- '나는 무엇을 할 때 가장 기쁜가?'
- '내가 다른 친구들보다 특별히 잘 하는 것은 무엇인가?'

- '같이 배우기 시작했는데 남들보다 빠르게 학습하는 분야는 무엇인가?'
- '친구들이 부러워할 만한 특기는 무엇인가?'
- '내가 잘했다고 칭찬 받는 분야는 무엇인가?'
- '누가 시키지 않아도 알아서 하는 일은 무엇인가?'
- '어떤 부분이 장점이라고 생각하는가?'

이와 같은 질문을 반짝하고 끝낸다면 의미가 없다. 물론 금방 답을 찾는 경우도 있지만 오랫동안 생각해야 답을 찾을 수 있는 질문도 있다. 가슴을 설레게 하고, 기분이 좋고, 친구들보다 더 잘할 수 있고, 할 때마다 칭찬을 들었다면 그 분야에 관심을 둘 만하다. 그렇다면 그것이 내게 어떤 의미가 있을까?

목표는 내게 무엇을 의미하는가?

의미 있는 삶이란?

'나에게 중요한 것은 무엇인가?'라는 질문에 답을 찾았으면 그것이 내게 무엇을 의미하는지 질문해야 한다. '내가 하려는 일이 의미가 있나?'와 같은 질문을 끊임없이 하며 길을 찾아야 보람 있는 삶을 산다. 이 질문에 해답을 찾기 위해 죽음을 생각하는 방법이 있다. 10대 시절에 죽음 생각하는 게 쉬운 일은 아니다. 하지만 죽을 때 내 인생이 보람이 있었는지, 후회하지 않을지 미리 생각해 본다면 의미 있는 인생을 살 수 있다.

티베트에서 중남미에 이르기까지 지역을 막론하고 대다수 종교에서 인생의 지혜를 깨달은 사람이 우리에게 전하는 잠언이 있다. 죽음을 자신의 상담자로 삼으라는 것이다. 이런 충고는 언뜻 들으면 섬뜩하게 느껴질지도 모르지만, 실제로는 사람을 아주 자유롭게 해준다.

죽음을 두려워하는 대신 자신에게 이러한 질문을 던진다고 생각해 보라.

- '이 직업을 선택해야 할까?'
- '이 길이 옳은 길인가?'
- '지나치게 내 욕심만 생각한 결심 아닌가?'
- '내가 걷고자 하는 길이 이웃과 사회에 도움이 될까, 해가 될까?'
- '정말이지 이것이 과연 좋은 아이디어일까?'
- '내가 죽음을 앞둔 시점에서 이 선택으로 과연 기쁨을 누릴 것인가 아니면 후회를 할 것인가?'

어차피 죽음을 면하기란 어려운 만큼, 차라리 우리가 살아 있는 동안은 죽음을 자신의 조언자로 삼는 것도 괜찮을 것이다. 죽으면 다 끝나는데 무슨 소용이 있겠냐고 말하는 사람은 살아 있어도 쓸모없는 사람이다. 그러나 여러분 인생이 보람 있고 영향력 있는 삶이었다면 죽은 뒤에도 여전히 큰 영향력을 끼칠 것이다. 많은 사람이 용기를 얻고 삶의 지혜를 얻을 것이다. 우리도 이미 고인이 된 수많은 위인들한테 영향을 받지 않은가.

미래를 향한 수준 있는 질문이 수준 있는 삶을 살게 한다. 미래를 향한 질문이 고작 부자가 되고 권력을 쥐려는 질문이라면 그것은 수준 있는 질문이 아니다. 사회에 무엇을 공헌할까를 질문해야 한다. 자신의 욕심을 채우기 위한 질문만으로는 결코 의미 있는 삶을 살지 못한다.

고 강영우(전 미 백악관국가장애인위원회 정책차관보) 박사는 13살 때 아버지를 여의었다. 14살 때 축구를 하다 눈을 다쳤고 2년가량 수술과 치료를 받았으나 끝내 실명했다. 어머니마저 그 충격으로 돌아가셨다. 17세 누나는 어린 동생들을 돌보기 위해 학교를 그만두고 봉제 공장에 취직했지만 과로로 쓰러진 후 끝내 일어나지 못했다. 모든 상황이 절망적이었다. 강 박사는 17세 때 맹인 재활원으로 가고, 14세였던 남동생은 철물점 직원으로, 9살짜리 막내 여동생은 보육원으로 보내졌다. 그렇다면 도저히 일어서기 힘든 상황에서 강 박사는 어떻게 미국으로 건너가서 박사학위를 받고, 차관보급인 백악관 국가장애인위원으로 발탁되었을까?

강 박사는 항상 비전을 강조한다. 세계화 시대에 지도자가 되려면 당연이 실력이 있어야 하는데, 가장 중요한 실력은 미래를 향해 꿈과 비전을 품는 것이라고 말한다. 자신의 꿈과 비전을 질문하고, 그것을 이루기 위해 해야 할 일이 무엇인지 질문하고, 시간 관리를 잘하는 것, 그것이 진짜 실력이라는 것이다. 우리나라 학생들은 대학 가는 것을 인생의 목표로 삼고 공부하기 때문에 대학을 가면 목표를 달성했다고 생각해 놀기 시작한다는 것이다. 대학은 인생의 최종 목표가 아니며 최종 목표로 가는 중간 목표가 되어야 한다며 학생들이 비전을 품는 것은 세계화 시대에서 리더로 성장할 수 있는 중요한 자세라고 그는 강조했다. 강 박사는 한 신문과 인터뷰에서 이렇게 말했다.

"절망 속에서도 긍정적으로 생각했습니다. 깜깜한 두 눈으로 아무것도 볼 수 없었지만 새로운 미래를 꿈꾸었어요. 30년 인생 계획을 세웠지요. 첫 10년은 맹학교를 졸업하고 대학에 진학, 졸업하는 기간으로 정했어요. 다음 10년은 배우자를 만나 행복한 가정을 꾸미는 기간으로 세웠고, 나머지 10년은 신에게 영광을 돌리고 사회에 봉사하며 살겠다고 다짐했어요. 불가능해 보이지만 30년 인생 계획을 세우고 나니 살아야겠다는 동기가 가슴속에서 꿈틀댔습니다. 불가능한 생각을 긍정적으로 바꿔 도전하니 길이 보였어요. 으레 장애물이 나타나 가던 길을 막아섰지만 무너뜨리고 다시 도전할 힘이 생겨났습니다. 살아야 할 제 인생 목표가 있었기 때문입니다."

목표에서 의미를 찾는 질문

이제 목표에서 의미를 찾는 질문으로 나아가 보자. 그러기 위해서는 다음과 같은 질문을 던져야 한다.

- '어떻게 사회에 공헌할 수 있을까?'
- '내가 행복할까?'
- '내가 속한 사회에 도움을 주는 방법은 무엇일까?'

- '내가 이루려고 하는 일이 이웃에게 어떤 도움이 될까?'
- '사회적 약자에게 도움을 주는 일인가?'
- '다른 사람의 행복을 빼앗는 일인가?'
- '나의 힘으로 바꿀 수 있는 것은 무엇인가?'
- '그러한 생각이나 행동은 나의 가치관과 부합하는가?'

'나에게 중요한 것은 무엇인가?'라는 질문에 답을 찾고, 그것이 무엇을 의미하는지 답을 찾는 과정은 '원하는 결과를 얻기 위해 무엇을 할 것인가?'라는 질문에 답을 찾을 때 매우 중요하게 작용한다. 1장에서 언급한 간디의 말을 상기해 보자. 간디는 7가지 관행이 우리를 파멸하도록 만든다고 말했다. 7가지 관행은 노동하지 않는 부, 양심을 무시하고 느끼는 즐거움, 성품에 기초하지 않는 지식, 도덕성 없이 이루어지는 상거래, 인간을 생각하지 않는 과학, 희생 없는 종교, 원칙 없는 정치다. 간디는 목표를 이루더라도 부정한 방법으로 이룬다거나 다른 사람에게 피해를 준다면 의미 있는 성공이라고 보지 않았다. 이제 진정으로 원하는 목표를 성취하기 위해 무엇을 해야 하는지 스스로에게 질문해보자.

원하는 결과를 얻기 위해 무엇을 할 것인가?

    심리학자인 셜리 테일러(Shelly Taylor)와 연구팀은 중간고사를 준비하거나 스트레스가 많은 상황에 대처해야 하는 학생들을 대상으로 미래에 일어날 일을 마음속으로 그려보는 실험을 실시했다. 그 결과 원하는 목표를 성취하기 위해 '필요한 일들에 초점'을 둔 쪽이 '원하는 결과에만 초점'을 둔 쪽보다 더 나은 수행능력을 발휘한다는 사실을 발견했다. 좋은 성적을 얻거나 긴장 상황을 대처하기 위해 밟아야 하는 '과정'을 떠올리는 학생이, 좋은 성적을 얻는 상상이나 스트레스가 줄어드는 상상을 한 학생보다 더 낳은 결과를 얻는다는 것이다. 최종 결과보다 목표를 성취하는 과정에 초점을 둘 때 성공할 확률은 더욱 높아진다는 연구 결과다. 셜리 테일러가 쓴 《보살핌》에 나온 이야기다.

원광식(66) 씨는 종을 만드는 장인, 종장이다. 웬만한 사찰에 있는 종은 모두 원광식 종장이 만들었다. 낙산사 동종(보물 479호), 서울 보신각종을 비롯해 모두 7천여 개나 된다. 세계 제일이라는 신라 범종들도 원 종장이 복원하였는데, 정작 자신은 시뻘건 쇳물에 한쪽 눈을 잃었다. 2001년 나라에서는 원 종장을 국가무형문화재 112호로 지정했다.

그는 젊은 날 '종 한번 제대로 만들어보자'는 생각으로 학자들을 찾아갔다. 원 종장이 관심 분야를 정한 것이다. 그 후 원하는 결과를 얻기 위해 움직이기 시작했다. "내가 종을 만드는 사람인데, 옛 종을 복원하고 싶으니 학회를 만들자"고 했다. "업자와 학자가 작당하면 보기가 좋지 않다"고 거절당했다. "돈은 내가 대겠다"고 몇 번을 우겨 허락을 받았다. 그렇게 한국범종학회가 탄생했다.

그는 종 만드는 것은 기술이 물론 중요하지만 옛 장인들이 전승한 이론 없이는 불가능하다고 생각했다. 또한 품질 면에서, 소리 면에서, 미학적인 면에서 신라 종이 세계 최고라고 여겼다. 그래서 무늬 하나를 배치하는 데도 종소리를 따져가며 새겼다. 그 정교한 문양과 유장한 소리를 만든 기술이 '밀랍주조 기법'이다. 그는 인터뷰에서 이렇게 말했다.

"중국에서 전래돼 신라가 개발한 기법인데, 초를 녹여서 거푸집을 만드는 겁니다. 초는 무르니까, 정교한 세공이 가능했던 거죠. 그런데 말로만 전해지고 있으니 실체가 없는 거예요."

그는 물러터진 밀랍으로 거푸집을 만든다는 사실이 궁금했다. 거푸집은 쇠를 녹이는 불구덩이에 집어넣어야 하는 물건으로, 만드는 족족 녹아 내렸다. 이 기법이 고려조, 조선조에 사라지면서 정교한 문양은 사라지고, 청동 대신 철로 만든 둔탁한 종이 생겨났다.

원광식 종장은 중국과 일본을 다니며 기술을 배우려 했지만 실패했다. 그는 "내가 엉뚱한 데를 짚었어요"라고 고백했다. 신라 종은 모두 경주에서 만들었음을 깨달았다. 경주 남산을 샅샅이 뒤졌다. 거기에서 활석을 찾아냈다. 무르고, 내화력 있는 활석으로 밀랍을 감싸자 열을 견뎌냈다.

다음은 일사천리였다. 이장무 서울대 공대 교수가 학생들을 데리고 컴퓨터로 종의 두께, 소리 중심을 찾아줬다. 강철로 만든 현대식 거푸집을 덧씌워 쇠의 강도를 높였다. 이렇게 신라시대 밀랍주조 기법을 복원한 공로로 그는 무형문화재가 됐다. 그리고 대한민국에 단 한 명뿐인 종장이 되었다. 원광식 종장은 원하는 결과를 얻기 위해 고군분투하여 의미 있는 목표를 모두 이루었다.

원광식 종장은 관심 있는 분야를 발견하고 그것의 의미를 찾았고, 그것을 위해 무슨 일을 해야 할지 질문했다. 질문을 하고 답을 찾고 실행한 결과 인생의 목표를 이루어냈다.

의미 있는 삶을 살고 싶으면 미래를 향해 기대에 부푼 질문을 많이 해야 한다. 미래의 목표를 정하고 계획을 세우라는 뜻이다. 미래에 목표와 계획이 없으면 삶은 의미가 없다. '무엇이 될 것인가'와 '어떻게 할 것인가' 같은 질문이 필요한 이유다. '무엇이 될 것인가'를 질문하여 목표를 결정했으면 '어떻게 할 것인가' 같은 질문을 하여 실행 계획을 세워야 한다. 영국 버진그룹 CEO 리처드 브랜슨은 《내가 상상하면 현실이 된다》에서 다음 같이 말했다.

"무슨 일이든 잘하고 싶으면 빈틈없이 계획을 짜서 철저히 준비해야 한다는 사실은 앞으로도 영원히 변하지 않을 원칙이다."

원하는 결과를 얻기 위해 해야 할 일

원하는 결과를 얻기 위해 가장 먼저 할 일은 자기 자신을 아는 일이다. 지금 자신의 상황, 실력, 장점, 그리고 자신이 가야 할 곳이 어디인지를 정확히 알지 못하면 준비를 제대로 할 수 없다. 이때 명심할 점은 지레짐작으로 자신의 한계를 긋지 않는 것이다. 그렇다고 무작정 무한한 가능성이 있다고 오판해서도 안 된다. 노력하면 무엇이든지 이룰 수 있다는 어쭙잖은 자기계발서에 현혹되지 말자. 자신의 약점과 강점을 면밀히 파악한 후 자신이 어느 곳으로 가야 할지 정하는 일은 목표 달성을 위해 아주 중요한 문제다. 자신의 역량을 냉정하게 따져 보지 않고 방향을 잡으면 실패할 수밖에 없다.

원하는 결과를 얻기 위해 두 번째로 할 일은 실력 쌓기다. 실력 쌓기가 가장 어렵고 시간이 많이 걸린다. 자신의 약점과 강점을 면밀히 검토하여 목표를 정하고 나면 그 목표를 달성하기 위한 실력을 쌓아야 한다. 실력을 쌓지 않으면서 '운이 나쁘다', '나는 왜 되는 일이 없을까?', '재능이 없다', '간절히 원하면 이루어진다' 같은 말을 할 필요가 없다. 자신의 분야에서 최고가 되려는 의지를 갖고 세 가지 차원에서 실력을 쌓아야 한다. 지식, 기술, 태도다.

지식은 머리로 하는 차원이다. 자신이 원하는 분야의 이론적인 지식을 쌓아야 한다. 자기 분야의 전문가가 되려면 지속적으로 공부해야 한다. 무슨 일을 하던지 그 분야에는 늘 새로운 지식이 만들어지기 때문이다. 지식은 책을 읽으며 쌓기도 하고 강의를 들으며 쌓기도 한다.

기술은 몸으로 하는 차원이다. 예술이나 체육 분야에서 최고가 되고자 한다면 역량을 키우기 위해 연습해야 한다. 외과 의사라면 수술을 위한 손놀림 기술을 연습해야 한다. 치과 의사도 마찬가지다. 요리사, 악기 연주자, 가수, 자동차 정비공 등 기술을 향상해야 하는 분야는 셀 수 없이 많다. 축구선수 이영표나 야구선수 이승엽이 연습벌레라는 사실은 누구나 다 알고 있다. 유명한 요리사의 눈물겨운 이야기도 한두 번은 들어보았을 것이다. 기술을 향상하기 위해서는 타고난 재능보다는 '신중하게 계획된 연습'이 중요하다고 전문가들은 말한다.

심층연습은 지루한 반복과정이다. 농구 선수가 자유투를 연습한다고 상상해보자. 농구 선수의 목적은 자기가 던진 공이 정확하게 농구 골대를 통과하는 것이다. 공을 던지고 나면 자기가 던진 공이 얼마만큼 벗어났는지 알 수 있다. 골대에서 벗어난 정도, 즉 이 차이를 좁히는 것이 이 선수의 목적이 된다. 이런 과정을 반복하다 보면 정확하게 넣을 수 있다. 정확하게 넣었을 때의 동작과 감각을 인지하여 그대로 반복하면 근육이 그 동작을 외우게 되고 공을 던질 때마다 들어가는 단계가 된다.

여기에서 중요한 사실이 하나 있다. 골을 넣는 동작을 과연 근육이 기억할 수 있을까 하는 문제다. 근육은 기억하지 못한다. 뇌가 기억하는 것이다. 근육이나 우리 몸은 단지 뇌의 명령에 따라 움직일 뿐이다. 이런 과정을 제대로 이해하기 위해 뇌 과학으로 관심을 잠깐 돌려 보자.

심층연습을 반복적으로 했을 때 어떻게 기술을 연마할 수 있는지를 밝히기 위해 대니얼 코일(Daniel Coyle)은 우리 뇌 속에 있는 미엘린(myelin)이라는 물질에 관심을 가졌다. 대니얼 코일은 여러 뇌 신경학자들의 연구 결과를 검토하며 미엘린에 있는 놀라운 능력을 자신이 쓴 책《탤런트 코드》에서 이렇게 설명했다.

"인간의 모든 동작·사고·감정은 신경섬유 회로인 뉴런 사슬을 통해 정확한 타이밍에 맞춰 이동하는 미세한 전기 신호다. 미엘린은 그러한 신경섬유를 감싸고 있는 절연물질로서 신호의 강도·속도·정확도를 늘려준다. 즉, 미엘린은 절연용 검정 테이프처럼 신경섬유 주위를 감싸고 있는 고밀도 지방질로서, 전기 자극이 새어나가지 못하도록 막는 역할을 한다. 특정한 회로에 신호가 많이 발사될수록 미엘린은 해당 회로를 더 완벽하게 최적화하며, 결과적으로 우리가 하는 동작과 사고의 강도·속도·정확도는 더욱 향상한다."

농구 선수가 골대에 공을 넣기 위해 던지는 동작은 뉴런 사슬을 따라 신호가 전달되어 팔이 움직여야 가능하다. 이때 신호가 정확히 전달되도록 뉴런 사슬을 감싸고 있는 물질이 미엘린이다. 미엘린이 더욱 두껍게 뉴런 사슬을 감싸고 있을수록 더 정확한 신호를 보낼 수 있다. 미엘린을 두껍게 만들어 신호를 더욱 정확하게 전달하려면 반복 연습밖에 없다. 그러니까 농구 선수가 골을 넣는 동작을 반복적으로 연습할수록 미엘린의 두께는 두꺼워지고 더욱 정확한 신호를 보내게 되니 오차 없이 골을 넣는 데 성공하는 것이다.

자, 이제 분명해졌다. 여러분이 하는 일에 몸으로 하는 기술이 필요하다면 미엘린을 두껍게 만들기 위한 연습을 해야 한다. 전문가와 평범한 사람의 다른 점은 더 높은 성과를 내기 위해 신중하게 계획된 연습을 얼마나 오랫동안 하느냐다. 신중하게 계획된 연습 단계는 다음과 같다. 실천해 볼 만하다.

1단계: 성과를 높이려는 목적으로 설계한다. 특별히 개선할 필요가 있는 특정 부분을 예리하게 찾아내 그 부분만 집중적으로 훈련하는 것이다. 단지 과거에 해오던 일을 반복하면 이미 예전에 도달한 수준을 유지할 뿐이다. 위대한 성과자들은 자기가 하는 활동의 전 과정에서 특정한 부분만 따로 떼어 그 연습만 집중한다. 그 부분 실력이 향상하면 다음으로 넘어간다.

2단계: 수없이 반복 연습한다. 연습의 목적은 성장하는 데 있다. 단순히 반복하는 연습은 그다지 효과적이지 않다. 신중하게 계획된 연습은 성장 영역에서 필요한 적절한 연습을 선택하고 반복적으로 연습하는 것이다. 최고의 성과자들은 한도를 정하는 것이 무의미할 정도로 같은 연습을 반복한다.

3단계: 끊임없이 결과에 피드백을 받는다. 어떤 기술이든 연습할 수는 있지만 그 효과를 확인하지 못하면 성과를 향상할 수 없다. 즉, 연습이 제대로 됐는지 알아야 하는 것이다. 교사나 코치, 멘토의 피드백이 반드시 필요한 이유다.

잘 하지 못하는 부분을 찾아내어 수없이 반복하는 '신중하게 계획된 연습'은 재미없고 고통스럽다. 그러다 보니 정신적으로도 힘들다. 제프 콜빈은 신중하게 계획된 연습이 힘들고 지루하다는 사실이 확실히 희소식이라고 말한다. 사람들이 그런 연습을 하지 않기 때문이다. 당신이 신중하게 계획된 연습을 하겠다고 마음을 먹는 순간 당신은 그만큼 차별화한 존재가 될 수 있기 때문이다.

태도는 정신력과 마음가짐을 말한다. 정신력이 실력이 될까 생각할지 모르지만 강한 정신력은 신중하게 계획된 연습을 위해서 중요하다. 지식을 꾸준히 쌓아가는 일에도 정신력이 중요하다. 정신력은 마치 근육과 같다. 근육은 운동으로 강화할 수 있다. 꾸준히 운동을 한다면 이전보다 더 무거운 것을 들어 올릴 수 있다. 더 높은 산을 힘들이지 않고 오를 수도 있다. 정신력도 근육처럼 고갈되지만 근육처럼 꾸준히 노력하면 힘을 키울 수 있다.

실행 계획을 찾는 질문

이제는 실행 계획을 찾는 질문 차례다. 그러기 위해 다음과 같은 질문을 던져보자.

- '실행 가능한 대안은 무엇인가?'
- '일을 추진하는데 장애물은 무엇인가?'
- '도움을 받을 사람은 누구인가?'
- '최선이 없다면 차선책은 무엇인가?'
- '이 상황에서 당신이 가장 먼저 취해야 할 행동은 무엇인가?'
- '그것을 어떤 방법으로 실행에 옮길까?'
- '중단해야 할 것과 계속해야 할 것은 무엇인가?'
- '무엇을 학습해야 하는가?'
- '어느 학원에 등록할까?'

- '어떤 방식이 좋을까?'

　성공한 사람들은 목표나 실행 계획을 종이 위에 써놓은 것으로 그치지 않았다. 그것을 크게 소리 내서 읽는다. 원하는 것을 사진 찍어 붙이기까지 한다. 이쯤에서 제안한다. 상상 속에 꿈 항아리를 큰 것으로 하나씩 장만하라. 작은 항아리에 큰 꿈을 담을 수는 없다. 큰 항아리 속에 어떤 꿈을 담을 건지 일단 질문을 하라. 그리고 답을 얻거든 그것을 종이 위에 쓰고 항아리 속에 여러분 꿈을 담아라.

　항아리 속 꿈을 잘 보관하며 수시로 꺼내 봐야 한다. 맛있는 장은 정성이 들어가야 한다. 조급해서도 안 된다. 세월이 흘러야 장이 제 맛이 나듯 여러분도 꿈을 꾸며 준비하라. 오랜 시간 습도와 기온을 맞춰야 좋은 장맛을 내듯 항아리 속에 있는 여러분 꿈이 잘 숙성되도록 주변 환경을 조성하라. 책을 읽고, 질문을 하고, 답을 얻고, 결단을 내리고, 포기하지 않고, 계속 시도하는 노력을 보여라. 그러면 항아리 속 꿈은 어느 순간 현실이 된다.

　지금 이 시간 잠시 책을 덮고 미래의 운명을 결정하는 다음 세 가지 질문에 진지하게 답을 찾아보라.

(1) 나에게 중요한 것은 무엇인가?
(2) 목표는 내게 무엇을 의미하는가?

(3) 원하는 결과를 얻기 위해 무엇을 할 것인가?

시간이 얼마든지 걸리더라도 답을 찾아야 한다. 그리고 〈표1〉에 적어보라. 한 가지만 적지 말고 생각나는 대로 모두 적어라. 이 세 가지 질문에 답을 얻지 못하면 이 책은 의미가 없다. 질문 방법을 배운다고 해서 행복한 성공이 보장되지는 않는다. 중요한 것은 내가 직접 실천해 보는 것이다. 세 가지 질문에 명확한 답을 찾았다면 지금부터 여러분의 삶은 재미있을 것이다. 그리고 행복한 성공을 보장할 것이다.

〈표1〉

나에게 중요한 것은 무엇인가?(목표)	무엇을 의미하는가?	무엇을 할 것인가?

고2 수정이는 학교에서 왕따다. 친구를 워낙 좋아하던 터라 왕따라는 사실은 견디기 너무 힘든 일이었다. 좋아하던 친구들이 모두 자신을 놀리고 외면하는 게 고통스러웠다. 바닥을 친 성적은 둘째 치고

정말 살고 싶은 마음이 들지 않는다고 했다. 얼마나 힘든 시간을 보내고 있을지 상상하기 쉬운 일은 아니었다.

코칭 대화를 통해 자신의 감정을 돌보고, 공감하고, 충분히 위로하는 일이 최선이었다. 매 세션마다 눈물을 흘렸고, 하루하루가 아니라 매 순간순간이 고통의 시간이었다. 그렇게 매주 힘든 이야기를 나눈 지 3개월 즈음 지났을 때였다. 그날은 좀 덜 힘들어 보였다.

"수정아, 넌 어떤 사람이 되고 싶어?"

"선생님, 전 기자가 되고 싶어요."

"기자?"

"네, 저는 사람들이 알지 못하는 새로운 이야기를 취재하고 알리는 일이 재미있어 보여요. 제 글이 인터넷에 올라오고 사람들이 이런 것도 있냐면서 신기하다고 읽어주고 그러면 너무 행복할 것 같아요. 그런 걸 생각하면 기분이 좋아져요."

"수정아, 눈을 감고 네가 기자가 돼서 취재하는 모습을 한 번 떠올려 볼래?"

"네, 아프리카에 있는 어려운 친구들 이야기를 취재해서 사람들에게 알리고, 제 글을 읽고 사람들이 도와주겠다고 모금을 해서 아이들이 도움을 받고 좋아해요. 정말 좋을 것 같아요."

"그렇구나. 선생님도 이야기를 들으니 뿌듯하고 기분이 좋구나. 기자로 많은 사람들에게 도움을 주는 30대의 수정이가 친구들 때문에 힘들어 하는 지금의 수정이에게 무어라고 말해 주고 있니?"

"(오랜 침묵) 시간이 지나면 아무것도 아닌 것처럼 다 잊혀진다고요. 그것보다 더 중요한 일을 하는 데에 집중하라고 말해 주고 있어요."

"그래, 이제 무엇을 해야 할 것 같니?"

"선생님, 저 좋은 기자가 되기 위해서 열심히 해볼게요. 다음 달에 영어 발표 대회가 있어요. 그것부터 한 번 도전해 볼게요. 거기에서 상 받으면 제가 원하는 학과에 지원하는 데 유리하다고 들었어요. 그런 대회에 나가면 친구들이 비웃을까봐 나가고 싶은 마음은 있었지만 담임선생님께 말을 못했어요. 이제는 해봐야겠다는 생각이 들어요. 친구들이 저를 대신해서 살아주지는 않잖아요. 그리고 친구들은 고등학교 졸업하면 어차피 안 보면 되고, 대학에 가서 열심히 제가 하고 싶은 거 하면 된다고 엄마도 그렇게 말씀하셨어요."

그 이후로도 수정이의 아픔이 완전히 사라진 것은 아니었다. 하지만 자신이 원하는 일에 집중하면서 무력감에서 조금씩 빠져나오기 시작했다. 영어 발표에서 2등을 하면서 자신감도 다시 올라갔다. 마음이 아프고 억울하거나 슬픈 감정이 올라올 때는 감정 일기를 쓰면서 자신의 내면과 대화하고, 또다시 힘을 내어 원하는 학과에 들어가기 위해 필요한 것들을 조금씩 해내었다.

미루는 습관을 고치는 방법

　할 일을 뒤로 미루는 습관을 고치려면 '목표와 계획'을 세우는 것이 좋다. 댄 애리얼리(Dan Ariely)가 쓴 《상식밖의 경제학》에는 미루는 습관을 어떻게 해결해야 하는지 실험으로 찾아낸 방법을 소개하고 있다. 댄 애리얼리는 대학생들을 상대로 강의하는 첫날 12주의 강의 동안 숙제 3가지를 제출해야 한다고 말했다. 숙제는 최종 학점을 매길 때 높은 비율을 차지한다는 사실도 알렸다. 다만 교실별로 제출방법을 따로 정했다. 첫 번째 교실에서는 "이번 주 안으로 숙제를 언제 제출할지 날짜를 정하세요. 일단 기한을 정하면 그것을 바꿀 수 없어요"라며 제출 기간을 학생들이 자율적으로 정하도록 하고 정한 기일을 어기면 하루 늦을 때마다 1퍼센트 비율로 점수를 깎겠다고 경고했다. 물론 학생들은 자신이 정한 기한 내에 숙제를 제출해야 하지만 그 기간이 빠르다고 해서 점수를 더 주지는 않았다. 학생들은 자율적으로 아래에 날짜를 적어 냈다.

첫 번째 숙제는 _____째 주에 제출하겠습니다.
두 번째 숙제는 _____째 주에 제출하겠습니다.
세 번째 숙제는 _____째 주에 제출하겠습니다.

목표를 나누는 방법

학생들은 숙제 제출 일을 언제로 잡았을까? 이성적인 학생이라면 맨 마지막 날 한꺼번에 제출하는 방법을 택할 것이다. 그러나 학생들은 교수가 나눠준 강의 계획표를 이용하여 한 학기 동안 제출할 기한을 적절히 배분했다. 이는 자신에게 미루는 경향이 있다는 사실을 잘 알아 자신을 통제하고 싶은 학생들에게 괜찮은 방법이다. 문제는 과연 그런 방식이 학점을 따는 데 도움이 주는지 여부다. 이 점을 살펴보기 위해 다른 교실에서 내용은 같지만 다른 형태로 실험을 진행하여 점수를 비교했다.

두 번째 교실에서는 학생들에게 마감일을 정하지 않으니 숙제를 학기 마지막 날까지 자유롭게 제출하도록 했다. 미리 내도 상관없지만 그렇다고 추가 점수는 없었다. 학생들은 선택의 자유를 부여받았을 뿐만 아니라 중간 마감일을 지키지 않아도 벌점을 받을 가능성도 없었다. 세 번째 교실에서는 독재적 방식을 택하여 세 가지 숙제 마감일을 각각 4주차, 8주차, 12주차로 정했다. 거기에는 선택의 여지나 융

통성이 전혀 없었다.

세 교실 가운데 어느 교실 학생들이 가장 좋은 점수를 받았을까? 마감일을 강제로 정해 놓은 교실 학생들이 가장 좋은 학점을 받았다. 마감일을 정하지 않은 학생들이 가장 나쁜 점수를 받았고, 스스로 마감일을 정한 교실은 중간 성적을 거두었다.

이런 결과가 의미하는 바는 무엇일까? 첫째, 학생들은 과제를 미룬다. 둘째, 자유를 최대한 제한하는 방법이 미루기를 방지하는 최선의 방식이다. 그러나 가장 큰 발견은 학생들이 마감일을 정하도록 계획표를 나눠주기만 해도 더 좋은 학점을 따는 데 도움이 되었다는 사실이다. 실험 결과가 알려주는 사실은 이렇다. 학생들은 자신에게 미루는 경향이 있음을 잘 알고 있으며, 기회만 닿는다면 그러한 습성을 고쳐 더 나은 성과를 얻고 싶어 한다. 결과적으로 마감일을 충분히 나누지 않은 학생들이 교실의 평균 점수를 깎아 먹었다. 마감일을 적당한 간격으로 띄어 놓지 않은 채 마지막에 몰아서 과제를 하다 보니, 서두르게 되어 제대로 과제를 마무리하지 못한 것이다. 하루 늦을 때마다 1퍼센트씩 감점을 하지 않아도 결과는 마찬가지였을지 모른다.

실험에서 알게 된 사실은 간단하다. 모두에게 미루는 경향이 있긴 하지만, 그 문제를 자각하고 인정하는 사람은 그것을 극복할 수 있다는 사실이다. 목표를 나누는 방법은 청소년들이 응용하면 좋은 방법이다.

목표 성취를 높이는 행동 계기

결심을 하지만 일을 자꾸 미루고, 힘든 일을 만나면 쉽게 포기하는 편이라 좋은 성과를 내지 못하면 3W를 활용해 행동 계기를 만들어보자. 방아쇠를 당기면 총알이 나가듯 행동을 개시할 계기를 만들어두면 유혹을 이겨내고 실행력을 높일 수 있다. 언제(When), 어디서(Where), 무엇을(What) 할지 사전에 정해 놓는 방법이다. "나는 아침에 일어나면(언제) 공부방에서(어디서) 30분 정도 독서를(무엇을) 하겠다"와 같이 정해 놓기만 해도 미루는 습관을 극복할 수 있다

골비처와 그의 동료 베로니카 브랜드스태터(Veronika Brandstatter)는 방아쇠를 당기는 것과 같은 행동 계기를 만들어 두면 행동에 동기를 부여하는 데 매우 효과 있다는 사실을 발견했다. 한 연구에서 수업에 참여한 수강생들에게 크리스마스이브를 어떻게 보냈는지 리포트를 제출하면 추가 점수를 부여하겠다고 한 후 그들의 행동을 조사했다. 여기에는 함정이 하나 있었다. 점수를 더 받으려면 리포트를 12월 26일까지 제출해야 한다는 것이었다. 많은 학생이 쓰려고 했지만 겨우 33퍼센트만이 시간을 내어 리포트를 작성하여 제출했다. 이 연구에서 다른 그룹에 속한 학생들에게는 행동 계기를 설정하도록 했다. 정확히 언제, 어디서 리포트를 쓸 작정인지 미리 적어두게 했다. 예를 들면 "나는 크리스마스 아침, 모든 이들이 아직 잠에서 깨어나기 전 아버지 사무실에서 이 리포트를 작성할 것이다"와 같은 것이었다. 그러자 학생들 75퍼센트가 리포트를 제출했다. 사소한 정신적 노력을 기울인

것치고는 놀랄 만한 결과였다.

그렇다면 단지 무언가를 하려는 시간과 장소를 '상상하기만' 해도 실제로 그 행동을 할 가능성이 높다는 얘기일까? 그렇기도 하고 아니기도 하다. 행동 계기가 있어도 진심으로 하고 싶지 않은 일은 끝내 하지 않을지 모른다. 대학생들은 행동 계기가 있더라도 크리스마스에 열린 온라인 미적분 캠프에 참여하지 않을지 모른다. 그러나 추가 점수 연구에서 입증한 것처럼 '스스로도 해야 한다고 생각하는 일을 하도록' 동기를 부여할 때 큰 영향력을 발휘한다. 피터 골비처는 행동 계기의 가치는 '사전에 결정을 내리는 것'에 있다고 주장한다.

골비처는 행동 계기가 어려운 상황에 처했을 때 유용하다는 사실도 증명했다. '쉬운' 목표에 도전한 이들과 '어려운' 목표에 도전한 이들의 성취율을 분석한 연구를 통해서였다. 쉬운 목표는 행동 계기를 이용해도 성취율이 78퍼센트에서 84퍼센트로 조금밖에 상승하지 않았다. 하지만 어려운 목표에 도전한 이들은 행동 계기를 이용하자 성취율이 3배 가까이 상승했다. 목표를 완수한 비율이 22퍼센트에서 무려 62퍼센트로 치솟았다.

행동 계기가 어려운 상황에 처한 사람을 어떻게 돕는지 확인하기 위해 고관절 치환술이나 무릎관절 치환술을 받은 환자 연구를 살펴보자. 환자들 평균 연령은 68세였으며 수술을 받기 전 통증을 경험한 기간은 평균 1년 반 정도였다. 초기에는 수술을 받기 전보다 오히려 모든 것이 더 불편해진다. 수술을 받으면 환자들은 목욕을 하거나 잠자리에 들거나 심지어 자리에서 일어서는 것과 같은 일상적인 활동에도 도움이 필요하다. 회복 과정도 길고 고통스럽다. 물론 빨리 낫기를 바라는 간절한 바람은 어느 환자나 마찬가지지만 한 그룹을 선택하여 행동 계기를 설정하도록 했다. 예를 들면 이런 것이었다.

"만약 이번 주에 산책을 나간다면, 언제 어디로 갈 계획인지 적어 주세요."

결과는 놀라웠다. 행동 계기를 세운 환자들은 평균적으로 3주 만에 혼자서 목욕을 할 수 있었다. 다른 환자들은 7주가 걸렸다 행동 계기 그룹의 환자들은 3.5주 만에 일어섰다. 반면 다른 환자들은 7.7주가 걸렸다. 한 달이 지나자 행동 계기 그룹 환자들은 스스로 차에 타고 내릴 수 있게 되었다. 다른 환자들은 2.5개월이 걸렸다.

골비처는 행동 계기의 본질이 '즉각적 습관' 만들기라고 말한다. 습관은 자동적으로 행동을 유발하는데, 이것은 바로 행동 계기의 역할이기도 하다. 행동 계기는 진짜 일하기 싫을 때, 어려운 목표에 도전할 때 유용하게 써먹을 수 있다는 사실을 명심하자.

행동 계기 사례

다음은 행동 계기의 사례에 대해 알아보자.

- 나는 매일 오후 7시부터 9시까지 피아노 연습을 한다.
- 나는 매달 둘째 토요일 오전 9시부터 12시까지 고아원에 가서 봉사활

동을 한다.

- 아침에 일어나면 30분 동안 독서를 한다.
- 나는 저녁 6시부터 7시까지 1시간 동안 ○○부터 △△까지 걷기 운동을 한다.

이처럼 언제 무엇을 하겠다고 미리 정해 놓는 일은 자이가르닉 효과도 예방한다. 자이가르닉 효과는 끝마치지 않은 일이 계속 머릿속에 떠오르는 현상을 말한다. 그런데 일을 마치고 나면 이상하리만큼 더 이상 생각이 나지 않는다. 이게 뭐 별것이냐고 할 사람도 있겠지만 집중력을 떨어뜨린다. 생각해보라. A 프로젝트를 수행하고 있는데 완성하지 못한 채 나중에 하겠다고 미뤄둔 B프로젝트가 머릿속에 자꾸 떠오른다면 집중력이 분산되지 않겠는가.

3W 효과를 보여주는 실험 하나를 살펴보자. 연구자들은 시험 참가자에게 자기 삶에서 중요한 프로젝트를 생각해보라고 했다. 어떤 이들에게는 최근 끝낸 임무를 적도록 했다. 또 다른 이들에게는 아직 완성하지 못했지만 곧 끝마쳐야 할 일을 쓰도록 했다. 세 번째 집단에게는 완성하지 못한 임무를 적을 뿐만 아니라 그 일을 어떻게 마칠 것인지 구체적인 계획을 세우도록 했다.

그런 후 서로 상관없어 보이는 다음 실험 단계로 넘어갔다. 모든 참가자에게 어떤 소설의 첫 장부터 10쪽까지 읽는 과제를 준 것이다. 연구자들은 이들이 책을 읽는 동안 얼마나 집중하는지 주기적으로 점검했다. 그런 다음, 집중을 얼마나 잘 했는지 물어보고 만약 소설에 집중하지 못했다면 구체적으로 어떤 생각을 했는지 물었다. 또한 그들이 읽은 내용을 얼마나 잘 이해하고 있는지도 질문했다.

계획을 세우면 확실히 다른 결과를 가져왔다. 완성하지 못한 과제를 대충 적기만 한 피실험자들은 과제를 완성하기 위해 구체적인 계획을 적은 피실험자들에 비해 소설에 대한 집중력이 많이 떨어졌다. 구체적인 계획을 적은 피실험자들은 상대적으로 마음의 흐트러짐이 덜했고, 이후 소설 내용을 얼마나 이해했는지 알아본 시험에서도 매우 좋은 점수를 받았다. 과제를 끝마치지도 못하고, 일에 대한 진전이 없었음에도 계획을 세우는 단순한 행동 하나만으로 마음이 정리되고 자이가르닉 효과가 사라진 것이다. 하지만 계획을 세우지 않는 참가자들에게는 자이가르닉 효과가 계속 남아 있었다. 이들의 마음은 소설에서 끝마치지 못한 임무로 이어졌고, 소설 내용을 파악하기 위한 나중 시험에서도 좋은 성적을 받지 못했다.

자이가르닉 효과는 무의식이 의식에게 계획을 세우라고 요구하는 현상이다. 스스로 계획할 수 없는 무의식은 그 대신 의식에게 구체적인 시간과 장소 그리고 기회에 대한 계획을 세우라고 요구하는 것이다. 일단 계획을 세우면 무의식은 의식을 더 이상 채근하지 않는다. 그러니 이제 완성하지 못한 일이 있다면 그 일은 언제 하겠다고 명시해 놓아라. 그래야 머릿속이 우왕좌왕하지 않는다.

"선생님 저 서울대에 가고 싶어요."

이제 막 중학교 2학년이 된 은석이는 영어 점수가 30점이다. 작년까지만 해도 책상의 영어 스펠링을 암기하기 못하고 있었다. 그런 녀석이 갑자기 서울대를 가겠다고 한다. 과연 은석이는 서울대에 갔을까?

은석이가 서울대에 가고 싶다고 처음 말을 던졌을 때, 나는 그의 선한 의도를 읽어 주었다.

"와, 은석이가 새로운 목표가 생긴 모양이구나!"

약간은 긴장된 목소리로 자신의 서울대를 외치던 은석이는 나의 응원에 힘이 났는지 큰 소리로 "네" 하고 외쳤다. 이제 녀석의 이야기가 궁금해졌다. 평소에는 공부를 싫어하던 은석이가 왜 서울대에 가고 싶어졌을까? 대학에서 혹은 졸업 후 무엇을 하고 싶은 걸까? 어떤 사람이 되고 싶어진 걸까? 머릿속에 떠오르는 궁금증을 하나하나 물어 보았다.

학교에 서울대를 다니는 선배가 놀러 왔는데, 그 선배가 그렇게 멋있어 보였다고 한다. 어떤 점이 그렇게 부럽더냐고 물으니 서울대생이라며 학교 선생님들과 주변 친구들이 그 형을 칭찬하고 치켜세워 주는 게 그렇게 멋있어 보였던 모양이다. 평소에도 공부 잘 하면 좋다는 건 알았지만, 아마도 실제로 그렇게 느낀 건 처음이라 친구 좋아하는 그 녀석에게 그게 멋있게 다가왔던 것이다.

"은석아, 그럼 너는 나중에 형 같은 나이가 되었을 때, 주변 사람들이 너를 어떻게 봐 주었으면 좋을 것 같아?"

"저를 멋있다고 하면서 따르는 사람들이 많았으면 좋겠어요."

"어떻게 하면 멋있다고 하면서 사람들이 많이 따를까?"

"당연히 형처럼 서울대생이 되면요."

"또?"

처음에는 잘 모르겠다고 하다가 한참 후에 이렇게 말했다.

"아마도 뭐든 잘 하면 멋있는 거 같아요. 지난번에 축구하는 형이 왔을 때도 그랬어요. 멋있어 보였어요. 그래서 그때 엄마한테 축구하겠다고 했다가 혼났어요. 근데 저는 잘 하는 게 없어요. 하기도 귀찮고요... 솔직히..."

"네가 잘 하는 게 없다는 건 동의하기가 어렵다. 넌 친구들과 이야기하기를 좋아하고, 친화력이 좋아서 남녀노소 구분 없이 금방 친해지잖아. 실수도 별로 두려워하지 않아서 이것저것 시도도 많이 하고."

"그렇긴 해요. 근데 그게 잘 하는 거는 아닌 것 같은데요."

"너에게는 쉬우니까 뭔가 잘 하는 것처럼 느껴지지 않지. 사람들과 대화하는 걸 두려워하거나 힘들어하는 친구들에게는 엄청나게 잘 하는 걸로 느껴지지. 그런 점을 잘 살리면 너도 그런 멋있는 사람이 될 수 있을 것 같은데."

"어떻게요?"

"새로운 사람들을 만나서 설득하는 일을 하면 그 일이 무엇이든 넌 틀림없이 잘 해낼 것 같아. 그러기 위해서 지금부터라도 책을 꾸준히 읽으면 더 탁월해질 것 같은데, 어때?"

"아, 아시잖아요. 저 난독증 있어요. 책은 한 줄만 읽어도 졸려요."

"좋아. 오늘부터 하루에 딱 한 줄씩만 읽어!"

"어? 진짜요?"

"응, 그리고 한 줄 읽는 미션을 완료할 때마다 100원씩 모으자. 너희 집에 동전 돌아다니는 거 많다며?"

"하하하하하, 그건 완전 쉽죠. 당장 할 수 있어요."

은석이는 그때부터 조금씩 글자들과 친해지기 시작했다. 은석이는 글보다는 말이 훨씬 쉬운 녀석이었다. 그때부터 조금씩 책 읽기와 친해지고, 공부도 조금씩 하기 시작했다. 지금은 대학도 졸업하고 군대도 다녀와서 녀석의 장점을 살려 베테랑 영업맨이 되었다. 아마 곧 강의도 시작할 것 같다.

충동 조절 능력
키우기

충동 조절 능력은 세 가지 차원에서 발휘할 수 있다. 첫 번째는 감정 조절 능력이다. 감정 조절에 실패하면 분노, 복수심, 성급함, 고함, 비난, 빈정거림, 욕설, 공격적인 행동이 나타난다. 여기에는 부모나 자식을 죽인 살인범에 대한 증오나 분노부터 상대방이 약속 시간을 어겼을 때 느끼는 사소한 감정까지 포함된다. 두 번째는 유혹에 저항하는 능력이다. 마약, 알코올, 흡연, 수면 같은 욕구를 억제하는 능력이다. 시험 기간에 재미있는 드라마를 보고 싶은 유혹이나 컴퓨터 게임을 하고 싶은 유혹, 정상적이지 않은 성 욕구, 체중 조절을 할 때 식욕 같은 것이 여기에 포함된다. 세 번째는 역할 수행과 관련 있는 능력이다. 학생이 숙제 제출 기한을 지킨다거나 동아리에서 맡은 일을 책임 있게 수행하는 능력이 여기에 포함된다. 힘들고 어렵더라도 인내심을 발휘하여 성과를 창출하려는 능력을 말한다.

1960년대 월터 미셸(Walter Mischel)이 수행한 '마시멜로' 실험은 충동 조절 능력이 삶에 어떤 영향을 끼치는지 잘 보여준다. 아이를 방으로 데려가 마시멜로를 보여주고 연구자들이 나갔다 다시 돌아오는 15분 동안 마시멜로를 먹지 않으면 한 개를 더 준다는 조건을 걸었다. 아이들 중에는 연구자들이 나간 직후 마시멜로를 홀랑 먹어 치우는 아이도 있었지만 어떤 아이들은 잘 참아냈다. 나중에 더 큰 보상을 위해 충동을 조절한 것이다. 간단한 실험이지만 많은 사실을 시사하는 실험이었다. 잘 참아낸 아이들은 나중에 학업성적이 좋았고 학교에서 말썽도 덜 부렸다. 더 좋은 대학에 들어가고, 성인이 된 후에도 더 많은 돈을 벌었다. 이들은 범죄에 빠질 가능성도 낮았고 비만의 위험도 적었다. 충동을 조절하는 능력이 삶 전체에 영향을 미친 것이다.

유아 때 마시멜로를 먹고 싶은 충동을 잘 참아낸 아이의 학업성적이 우수하다는 결과는 유혹을 참아내는 능력이 성과와 관계 있다는 사실을 잘 보여준다. 컴퓨터 게임을 하고 싶은 충동을 참는 능력, 자고 싶은 충동을 참는 능력, 쉬고 싶은 유혹을 이기는 능력, 화내고 싶은 충동을 이기는 능력, 포기하고 싶은 충동을 견디는 능력이 모두 여기에 해당한다. 하기 싫은 일을 기꺼이 하는 능력도 성공하는 사람에게 필요한 자질이다. 자기 일을 즐겨라, 하고 싶은 일을 하라, 잘 할 수 있는 일을 하라, 그래야 열정이 생긴다고 하지만 이렇게 해서는 그저 남들보다 잘 하는 수준밖에 되지 않는다. 최고가 되려면 너무 힘들고 도저히 감당할 수 없어 당장 그만두고 싶을 때, 그 유혹을 이기고 버티는 인내력이 필요하다.

여기서 의문이 하나 든다. 왜 많은 사람들이 충동 조절에 실패할까? 어느 순간까지는 잘 견디다가도 오래 참지 못하는 이유가 무엇일까?

충동 조절을 하려면 자제력이나 의지력이 필요한데 그렇게 만만하지 않다. 무한대가 아니기 때문이다. 심리학자들의 실험 결과에 따르면 자제력과 의지력은 사용할수록 고갈되는 것으로 드러났다. 소모성 자원이라 하더라도 충동적인 감정을 억제하고 수많은 유혹을 이기고 일을 미루지 않고 제때 해치우는 의지력은 목표 달성을 위해 반드시 필요하다. 아무 때나 분노하고, 하기 싫다고 피하고, 어렵다고 포기하면 결코 리더가 될 수 없다. 반가운 사실은 의지력도 키울 수 있다는 것이다. 근육을 키우기 위해 근력 운동을 하듯 의지력을 키우기 위해 마음 훈련을 할 수 있다. 그러므로 우리는 자제력과 의지력을 길러 충동 조절을 효과적으로 할 수 있다. 거기에는 어떤 방법이 있을까?

의지력을 키우는 방법

분노가 끓어오르는 충동적인 상황에서 의지력을 발휘하는 방법은 '일단 멈춤'이 있다. 자신의 감정을 억제하지 못하고 기분대로 행동하면 뒤늦게 후회할 일만 생긴다. '일단 멈춤'은 평소 감정적인 언행으로 실수가 잦다면 유용한 방법이다. 감정 폭발은 대개 대화 중 일어난다. 대화가 원만하게 풀리지 않으면 말다툼을 시작하는데 바로 이 순간 잘 대처해야 한다. 분노 상황이 되면 우리 몸에는 스트레스 호르몬이 쏟아져 나온다. 스트레스 호르몬은 심장 박동을 빠르게 하고, 사람을 열받게 한다. 인체의 이러한 자동 시스템이 정신과 육체에 좋을 게 없고, 우리 몸은 스트레스 호르몬의 영향으로 변해 간다.

이때 '일단 멈춤'은 눈에 뵈는 게 없는 상황에서 분별력을 갖도록 도와준다. 무의식적인 단계를 의식의 단계로 바꿔 놓는다. 자신도 모르게 자동적으로 행해지던 행동을 자신이 의식하는 수준으로 환원하는 것이다. 어떤 상황이 당신을 분노하게 한다면 즉각적이고 자동적으로 말을 쏟아 내거나 행동하지 말고, 일단 멈춘 후 그 순간을 벗어나보자. 산책을 해도 좋고 심호흡을 해도 좋다. 그러면 5분 후 후회할 일을 막을 수 있다. 일단 멈추어 서서 질문 하나를 해보자. 내가 진정 바라는 것이 무엇인가? 그렇다고 원하는 것을 위하여 비굴해지라는 것은 아니다. 지금 상황을 진정하는 방향으로 가라는 것이다. 흥분한 상태에서는 결말이 좋지 않기 때문이다.

분노 상황에서 자신의 감정 상태를 스스로 알 수 있으면 큰일을 막을 수 있다. '내가 지금 화나고 있구나', '내 몸에서 스트레스 호르몬이 분비되고 있구나' 하고 안다면 이판사판인 상황을 면할 수 있다. 그다음은 상대방의 감정 상태를 아는 것이다. 상대방의 기분이 좋은지, 나쁜지를 안다면 그를 자극하여 불필요한 다툼을 막을 수 있다. 치밀어 오르는 감정을 억제하는 좋은 방법은 내가 지금 이 대화를 왜 하는지 그 이유를 상기하는 것이다. '지금 이 대화로 내가 진정 얻고자 하는 것은 무엇인가?'와 같은 질문을 하면 평정심을 찾을 수 있다. 일단 멈춰 서서 대화의 목적을 떠올리며 숨 고르기를 하면 분노 감정을 억제할 수 있다.

결심하고도 제대로 실행하지 못한다면 '선제적 예방 조치'를 만들어보자. 1월 초가 되면 헬스장이 초만원이다. 새해를 맞이하여 새로운 결심을 하고 운동을 시작한 사람이 늘어나기 때문이다. 그런데 보름 정도 지나면 다시 평소대로 되돌아간다. 담뱃값이 오르면 담배 소비가 주춤하다가 다시 상승곡선으로 이어지는 것이나 마찬가지다. 유혹을 이기는 자기 절제는 그만큼 어렵다. 다이어트, 금연, 금주 노력이 얼마 가지 못하는 이유는 유혹이 그만큼 강력하기 때문이다.

트로이 전쟁을 승리로 이끈 오디세우스는 부하들과 고향에 가기로 한다. 그의 고향은 이오니아 해에 있는 이타카 섬이었다. 고향 가는 길에는 장애물과 유혹이 많았다. 특히 사이렌의 유혹은 견디기 힘들었다. 사이렌은 몸은 새지만 여자 머리와 목소리를 가진 바다 괴물이었다. 싸이렌은 거부할 수 없는 매혹적인 목소리로 사람들을 유혹하여 배가 바위 절벽에 부딪쳐 죽게 만들었다. 사이렌이 사는 섬을 무사히 빠져나가는 배는 거의 없었다. 오디세우스는 알고 있었다. 자신도 사이렌의 노랫소리에 유혹당할 수밖에 없다는 사실을.

오디세우스는 사이렌이 사는 섬을 무사히 통과하기 위해 미리 방책을 세웠다. 부하들의 귀를 모두 틀어막고, 자신은 돛대에 묶인 채로 그 섬을 통과하는 것이었다. 완전히 통과하기 전까지는 자신의 명령을 아무도 따르지 말라고 명령하기까지 했다. 이는 그리스 신화에 나오는 이야기다. 오디세우스는 자신의 약점을 알고 있었고, 미리 자신을 결박하는 선제적 예방 조치로 유혹을 이기고 고향에 돌아갈 수 있었다.

선제적 예방 조치에는 여러 가지 방법이 있다. 공개 선언도 일종의 선제적 예방 조치 가운데 하나다. 금연을 하겠다거나 체중 감량을 위하여 운동을 하겠다와 같은 결심을 주위에 말하면 효과를 볼 수 있다. 낭비하는 습관이 있다면 미리 적금을 들어 놓는 것도 마찬가지다. 하지 않을 수 없는 상황을 미리 만들어 놓으면 그만두고 싶은 유혹을 견딜 수 있다. 사람은 다른 사람의 시선이나 평가에 예민하기 때문이다. 이런 결심을 공개하지 않고 자신만 알고 있다면 실패를 하더라도 슬쩍 넘어가게 되어 뜻한 바를 이룰 수 없다.

'대안 없애기'도 좋은 선제적 예방 조치다. 글을 쓰다 보면 한두 시간 동안 한 줄을 쓰지 못할 때가 있다. 어떤 때는 종일 끙끙대도 한 장을 채우지 못하기도 한다. 이렇게 진도를 나가지 못하면 대개 시간을 낭비하고 있다는 생각에 자연스레 다른 일을 하게 된다. 참고할 책을 찾아 읽는다거나 음악을 듣거나 스마트폰으로 드라마 다시 보기를 하기도 한다. 사실 한두 시간 동안 끙끙대며 무엇을 쓸까 고민하는 일은 많은 에너지를 소모하게 만든다. 당연히 글을 쓰겠다는 의지력은 고갈되어 집중력을 발휘하기가 쉽지 않다. 다른 일에 마음이 가는 것은 당연하다.

이럴 때는 아무것도 하지 않고 차라리 멍하게 있는 것이 오히려 도움이 된다. 가령 오전 8시부터 12시까지 글을 쓰겠다는 계획을 세웠다고 가정해보자. 이 시간에는 글을 쓰는 일 외에 다른 일을 하지 말자. 멍하게 있거나 커피를 마시는 일은 되지만 책을 보거나 음악을 듣거나 청소를 하거나 이메일을 보내거나 전화를 하거나 인터넷 서핑 등은 하면 안 된다. 글 쓰는 일 외에는 아무것도 하지 않는 것이다. 그러면 이상한 일이 벌어진다. 다시 아이디어가 샘솟고 글을 술술 쓰기 시작한다. 이처럼 시간을 온전히 비워두는 일은 매우 효과적이다. 이렇게 대안을 남기지 않는 방법은 유혹을 이기는 좋은 방법 가운데 하나다.

독서는 지루할 때가 많다. 습관이 되어 있지 않다면 30분도 앉아 있기가 힘들다. 이럴 때도 대안 없애기 방법이 효과를 거둘 수 있다. 예를 들어 오후 7시부터 9시까지 책 읽는 시간으로 정했다고 가정해보자. 자리에 오래 앉아 있을 때 답답함을 느끼거나 읽는 책이 지루하여 집중하지 못할 때라도 정한 시간 동안은 책상을 떠나지 않는 것이 방법이다. 졸음이 오더라도 책상에 엎드려 잠깐 자는 것으로 해결하자. 화장실 가고 싶은 욕구도 참고, 커피를 마시고 싶은 욕구도 참으며, 무슨 일이 있어도 책상을 지키고 조금씩이라도 책을 읽으면 독서가 습관이 된다. 이처럼 대안 없애기는 실생활에서 유혹을 이기는 방법으로 다양하게 활용이 가능하다. 지갑에 있는 현금만큼만 물건을 사고 신용카드를 사용하지 않는다고 정해두면 충동구매도 억제할 수 있다.

하지 말아야 할 목록 만들기

나무는 이파리에서 흡수한 이산화탄소와 뿌리에서 올린 물이 햇볕을 받으면 영양분으로 전환된다. 광합성 작용을 하는 것이다. 나뭇잎이 푸른 이유는 엽록체 때문인데, 이 엽록체에서 광합성이 일어난다. 광합성은 강한 빛을 받을수록 양이 증가한다. 겨울이 다가오면 빛의 세기는 약해지고 나뭇잎은 광합성 작용을 하지 못한다. 나무 입장에서 영양분을 만들어내지 못하면서 도리어 영양분을 축내는 나뭇잎은 필요 없는 존재가 된다. 결국 나무는 생존을 위해 나뭇잎을 떨군다. 지금까지는 생존을 위해 필요했지만 상황이 변했으니 버리는 것이다.

사람도 마찬가지다. 때로는 과감히 버려야 할 것이 있다. 여러분은 어떤 사람인가? 결심과 계획을 잘 실천하는 사람인가? 아니면 자주 포기하는 사람인가? 중요한 계획을 세우고도 다른 일 때문에 실패한 적은 없는가? 여러분 인생에서 '이것'만 버리면 지금보다는 낫겠다고 생각하는 것이 있는가?

율곡 이이는 '자경문(自警文)'을 만들어 놓고 이를 실천했다. '자경문'이란 스스로 경계하여 조심하는 글이다. 율곡 이이가 평생 이루어야 할 모습을 정하고 마음을 바로잡으려고 적은 글이다. 내용은 다음과 같다.

1. 목표를 크게 가진다.
2. 말을 적게 한다.
3. 마음을 안정되게 한다.
4. 혼자 있을 때에도 몸가짐이나 언행을 조심한다.
5. 옳고 그름을 알기 위하여 독서를 한다.
6. 재물과 명예에 관한 욕심을 경계한다.
7. 해야 할 일에는 정성을 다하고, 하지 말아야 할 일은 단호히 끊는다.
8. 정의롭지 않은 일은 절대 하지 않는다는 마음을 가진다.
9. 누군가 나를 해치려고 한다면 스스로 반성하고 그의 마음을 돌리게 한다.
10. 밤에 잘 때나 병이 든 때가 아니면 절대로 눕지 않는다.
11. 공부를 게을리 하거나 서두르지 않는다.

자경문 7번을 보라. 율곡은 하지 말아야 할 일은 단호히 끊어버렸다. 좋은 성적을 내려면 해야 할 일을 실천하는 것도 중요하지만 하지 말아야 할 일을 단호히 끊는 자세도 중요하다. 하지 말아야 할 일은 가야 할 길을 방해한다. 영양가 없는 쓸데없는 짓이다. 여러분이 얼마나 많은 시간을 의미 없이 보내는지 알아보는 방법은 간단하다.

시간 사용 내역서 작성

여러분이 하루 24시간을 1시간 단위로 무슨 일을 하며 보내는지 〈표2〉를 3일만 적어보자. 그러고 나서 시간을 어디에 사용했는지 통계를 내보자. 먼저, 중요한 일도 아니고 꼭 해야 할 일도 아닌 쓸데없는 일을 하며 낭비한 시간은 얼마나 되는지 더해보자. 텔레비전 시청, 게임, 지나친 취미활동 따위다. 이런 일은 적을수록 좋다.

〈표2〉 시간 사용 내역서

시간	(월 일)	(월 일)	(월 일)	(월 일)
1				
2				
3				
4				
5				
6				
7				
8				
9				

시간	(월 일)	(월 일)	(월 일)	(월 일)
10				
11				
12				
13				
14				
15				
16				
17				
18				
19				
20				
21				
22				
23				
24				

여러분은 시간을 투자하는가, 낭비하는가? 무엇을 해야겠다는 계획도 중요하지만 시간 낭비를 줄이려면 때때로 하지 말아야 할 목록을 만들어 봐야 한다. 여러분을 자극하는 어떤 것, 충동질하는 것, 몰입과 끈기를 방해하는 것, 열정을 식게 만드는 것을 하나하나 적어보자. 이런 것은 의지력을 방해하여 성과를 떨어뜨리는 방해꾼이다.

짐 콜린스(Jim Colins)가 대학원을 다닐 때의 일이다. 교수 한 분이 그를 보며 이렇게 말했다.

"자넨 그저 바쁘게 살고 있을 뿐, 정리된 삶을 살지는 않은 것 같네."

그리고 이 교수는 콜린스에게 "어느 날 2,000만 달러를 상속받았는데 남아 있는 수명이 10년뿐이라면 어떤 식으로 행동을 바꾸겠는가?" 하고 물었다. 그러면서 무엇을 그만둘 것인지를 물었다. 바로 이때 콜린스에게 아이디어가 탄생한다. 콜린스는 이것을 '그만두기 목록'이라고 부르며 1년에 한 번씩 새롭게 편집한다. 콜린스는 이렇게 적었다.

"위대한 예술 작품은 마지막 부분에 무엇을 넣느냐 못지않게 무엇을 넣지 않느냐에 따라서 탄생한다. 어울리지 않는 것은 버려야 한다. 며칠 심지어 몇 년의 노력이 들어갔다고 해도 말이다. 이렇게 해야 진정으로 위대한 예술가가 될 수 있으며, 이상적인 그림, 교향곡, 소설, 기업, 그리고 가장 중요한 인생을 만들 수 있다."

여러분의 의지력을 방해하여 성과를 떨어뜨리는 방해꾼의 목록을 만들어 보자. 예를 들자면 이런 것이다.

- 독서할 때는 절대 핸드폰을 보지 않는다.
- 나쁜 에너지를 주는 사람과는 10분 이상 길게 대화하지 않는다.
- 다른 사람을 험담하지 않는다.

여러분에게 해당하는 항목이 있는가. 이렇게 하지 말아야 할 일과 그만두어야 할 일 목록을 적어 눈에 잘 띄는 곳에 붙여 놓는다면 볼 때마다 경각심이 생긴다.

제 4장

소통과 리더십을 위한
질문

질문은 소통의 열쇠

우리는 소통 부재 시대를 살고 있다. 교사와 학생, 부모와 자식, 시어머니와 며느리, 사장과 직원, 여당과 야당, 정치인과 국민 사이에 말이 통하지 않는다고 하소연을 한다. 위계가 있는 사이도 문제지만 친구, 직원, 회원, 이웃처럼 수평적 관계에 소통이 안 되는 경우도 많다. 날마다 얼굴을 맞대야 하는 사이에 소통이 안 된다면 많은 문제가 발생할 수밖에 없다.

부모와 자녀가 소통이 안 되면 가정폭력이 일어날 수도 있다. 교사와 학생 간 소통이 안 되면 학교생활이 재미가 없다. 학교폭력 대부분도 소통의 문제다. 직장에서 상사와 부하직원 간 소통이 안 되면 리더십을 발휘하지 못할 뿐더러 좋은 성과를 내기도 힘들다. 스포츠 팀에서 감독과 선수 사이에 소통이 안 되면 좋은 성적을 기대할 수 없다. 여야, 당정, 정부와 국민 사이에 소통이 안 되면 국가 경쟁력 하락은 불 보듯 뻔하다.

소통은 구성원 사이에 친밀도를 높여 조직을 튼튼하게 한다. 가족 간 소통은 집안을 행복하게 하고, 회사 직원 간 소통이 잘 되면 더 나은 성과로 이어진다. 그러므로 소통은 행복한 성공을 위해 매우 중요하다. 그런데 정작 소통 안 된다. 왜 그럴까?

소통을 가로막는 이유

소통을 가로막는 첫 번째 이유는 '오해' 때문이다. 해건이는 엄마의 철저한 시간관념으로 인해 답답해 죽을 지경이다. 예를 들어 "해건아! 10분 있다가 씻어야 한다. 학원 늦겠다", "해건아! 10분 있으면 인강 시작이다. 미리미리 준비해!" 하는 식이다. 말 안 해도 알아서 할 텐데 꼭 그렇게 말해서 죽겠다고 하소연이다. 일종의 노파심이라고 이해하면 좋을 텐데 해건이는 엄마가 주도권을 쥐고 자기를 통제한다고 불만이다. 노파심인지 통제하려는 건지는 대화를 해봐야 아는데, 대화가 없으니 오해와 갈등이 생겼다.

소통을 가로막는 두 번째 이유는 '선입견' 때문이다. 고등학교 1학년 영민이는 수학 선생님에게 안 좋은 선입견이 있다. 순전히 동네 형들 때문이다. 입학하기 전부터 같은 학교를 다니는 동네 형이 수학 선생님에 대해 나쁘게 말한 결과다. 수학 선생님의 은밀한 사생활을 어떻게 알아냈는지 모르지만 듣고 난 뒤로는 왠지 찝찝할 때가 많다.

경찰을 안 좋게 보는 사람도 있고, 신문기자는 모두 사기꾼이라고 생각하는 사람도 있다. 이런 나쁜 선입견을 지니고는 좋은 관계를 맺을 수 없다. 의사소통에 장애가 되는 감정 상태로는 공포와 불안, 독선과 분노, 초조함, 혐오, 실망, 비난과 시기심, 협박, 거부 같은 것이 있다. 우리는 과거의 경험으로 특정한 사람에게 부정적인 감정 상태를 느낀다. 얼굴이 험상궂은 사람에게는 공포와 불안을 느낄 수 있다. 이런 감정 상태에서는 상대방과 좋은 관계를 맺지 못한다.

소통을 가로막는 세 번째 이유는 '나쁜 말버릇' 때문이다. 정신과 전문의인 하지현 박사가 쓴 《소통의 기술》에는 소통을 위해 버려야 할 말버릇 몇 가지가 다음과 같이 나와 있다.

"내가 그럴 줄 알았어!": 누가 어떤 실수를 했거나 잘못을 하면 사람들이 흔히 내뱉는 말이다. 마치 그럴 줄 알았다는 듯이 혹은 그 사람은 원래 그런 실수나 잘못을 저지르고도 남을 사람이었다는 듯이 사람의 됨됨이를 단정 지으며 하는 말이다. 이렇게 사람을 낙인 찍어 버리면 마음의 문을 닫기 때문에 더는 대화를 전개하기가 힘들다. 사람들이 "내 그럴 줄 알았어"와 같이 말하는 이유는 자기 주변에서 벌어진 예기치 않은 사건에 재빨리 과거의 증거들을 끌어모아 시나리오를 구성해야 마음이 편해지기 때문이다. 또 누가 그 말을 먼저 꺼내면 "맞아, 맞아. 나도 그렇게 생각했어" 하고 맞장구를 치거나 그 시나리오를 더욱 풍부하고 정교하게 만드는 데 일조하기까지 한다.

"그것도 못해?"와 "그것도 몰라?": 사람들은 누구나 다른 사람이 나를 낮추어 보고 있다는 기분이 들거나 내가 폄하되는 상황이 되면 매우 불쾌해하며 민감하게 반응한다. 상대를 폄하하는 듯한 대표적인 말로는 "이것도 몰라?", "이것도 못해?", "그것도 없어?"가 있다. 이 말들은 지식, 능력, 보유라는 세 가지 척도에서 상대방에게 의심을 품어 상대방의 정체성이나 자기 확신감마저 뒤흔드는 위험을 내포하고 있다. 별다른 악의 없이 농담 삼아 던진 말이지만 듣는 사람에게는 상상 이상의 끔찍한 상처를 입히기도 한다.

"도대체 왜 그랬어?": 상대방의 실수나 잘못에 무의식적으로 하는 말이다. 내 쪽에서야 궁금하기 짝이 없다. 도대체 왜 그가 그런 실수를 했는지 이해가 안 된다. 하지만 듣는 사람 입장에서는 이런 질문이 그렇게 간단히 설명할 문제가 아닐 때가 더 많다. 게다가 대부분 실수를 한 당사자는 그저 주변에서 아무 말 없이 조용히 있어 주기만을 바란다. 충분히 잘못한 것을 알고 반성하고 있고, 안 그래도 속상하니 제발 가만히 내버려두라고 마음속으로 외친다. 하지만 가까운 사람일수록 그 사람을 염려하기 때문에 이런 질문을 하게 된다.

"웬일로 이런 걸 다?": 평소에 잘 하지 않던 일이지만 모처럼 설거지 등의 집안일을 하거나, 사무실 청소와 같은 궂은일을 나서서 하고 있는데 지나가던 사람이 이런 말을 한다고 생각해 보라. 그 사람은 칭찬으로 하는 얘기지만 듣는 사람에게는 비아냥거리는 것처럼 느껴질 수도 있다. 나름대로 좋은 의도로 노력한 것인데 그런 부분은 전혀 보지 않고 의심을 품고 나쁜 점을 하나하나 찾으려 애쓰는 듯한 느낌을 받을 수도 있다.

이 외에도 엉겁결에 내뱉은 말이 상대방에게 상처를 주고, 그 때문에 내 의도와 달리 둘 사이에 대화의 어려움을 겪는 경우도 많다. "너 바보 아니니?", "너 그것밖에 안 돼?", "어휴……" 하고 한숨을 쉬는 것 같은 말투가 소통을 가로막는다. 이렇게 소통을 방해하는 나쁜 말버릇이란 진심이 밖으로 뻗어 나가지 못하도록 속살을 단단히 감싸고 있는 갑각류의 껍질 같은 것이다. 자신을 지키려는 소심함이 만든 나쁜 말버릇이 이처럼 자신과 타인 모두에게 상처를 주기도 한다.

소통의 방법: 질문 활용하기

소통을 잘하려면 마음대로 추측하지 말고 질문을 해보자. 앞에서 이야기한, 엄마의 지나친 시간 챙기기로 스트레스를 받고 있는 해건이의 경우를 보자. 해건이의 문제는 말이 없다는 것이다. 서로 의사소통이 안 되면 지레짐작하게 된다. 상대방의 정확한 의도를 모르고 '아마 이래서 그러는 걸 거야' 하고 상상하기 시작하면 왠지 좋은 의도는 생각나지 않고 자꾸 안 좋은 쪽으로만 생각하게 된다. 문제는 추측이 진실이라고 믿어버리는 데 있다. 해건이에게 엄마와 대화하며 다음과 같이 넌지시 질문해 보라고 했다.

"엄마, 제가 알아서 잘할 텐데 10분 전이니 이것 해라 저것 해라 말씀하시는 이유가 있어요?"

일단 이렇게 질문으로 대화를 시도하는 것이 중요하다. 질문을 해서 엄마의 뜻을 알게 되면 머릿속에서 떠오르는 잡다한 생각들이 없어진다. 아울러 엄마도 해건이의 생각을 알게 되면 지나친 시간 챙기기를 그만둘지 모른다.

멕시코 남부지역에서 전승되어 내려오는 지혜에, "함부로 추측하지 마라"는 격언이 있다. 우리는 다른 사람의 행동이나 생각을 자신과 관련하여 추측한 뒤 그들을 비난하고, 말로써 그들에게 감정의 독을 퍼붓곤 한다. 다른 사람의 생각을 함부로 넘겨짚으면 늘 말썽이 생기는 것은 바로 이 때문이다. 추측을 하면 오해를 낳고, 오해를 하면 항상 자신과 관련하여 받아들이게 된다. 결국 아무것도 아닌 일을 커다란 사건으로 확대하는 것이다.

추측으로 일을 그르치지 않고 싶다면 질문을 해야 한다. 질문하면 상대방이 왜 그런 말을 하는지, 왜 그런 행동을 하는지 알고, 추측으로 인한 쓸데없는 오해를 없앨 수 있다. 해건이는 엄마에게 실제로 질문을 한 후 더 이상 오해도 안 하고 오히려 그런 엄마를 이해하게 됐다며 즐거워했다. 질문이 소통을 가져온 것이다.

자신이 원하는 것을 상대도 안다고 추측하고, 자신이 바라는 바를 상대에게 말하지 않는 경우가 있다. 상대방이 우리를 아주 잘 아니까 당연히 알아서 잘 해줄 것이라고 기대한다. 그리고 당연히 해야 한다고 생각한 일을 그들이 해주지 않으면, 우리는 마음의 상처를 입고 이렇게 생각한다.

'아니 어떻게 저 사람이 저럴 수 있지? 당연히 알아서 해주어야 하는 거 아냐?'

다시 말하지만, 우리가 무엇을 원하는지 다른 사람이 안다고 생각하기 때문에 이런 일이 생긴다. 이런 문제를 해결하려면 추측하지 말고 질문을 해야 한다. 질문은 완전하게 의사소통을 하는 유일한 방법이다. 대답을 들으면 추측하여 오해할 필요가 없다.

소통을 잘하려면 공통점을 찾는 질문을 해보자. 남자들은 군대 이야기를 많이 한다. 대한민국 남자라면 거의 군 복무를 해서 누굴 만나더라도 공감대를 만들기 때문이다. 공통점을 찾아내면 대화 물꼬를 트기 쉽고, 친밀감은 늘어난다. 고향, 출신 학교, 사는 지역, 좋아하는 음식, 음악, 운동 등에서 공통점을 찾아내면 자연스럽게 대화를 이어갈 수 있다. 이때도 질문은 공통점을 알아내는 가장 좋은 방법이다. 말투를 들어보고 출신 지역이 비슷할 것 같으면 고향이 어디냐고 물어보면 된다. 이것은 공통점을 찾는 아주 자연스러운 과정이다. 처음 만나는 사람이든 자주 만나는 사람이든 질문은 유용하다. 다음은 공통점을 알아내는 기본적인 질문들이다.

• "고향이 ○○인가? 나는 ○○에서 왔는데."

- "어떤 가수를 좋아해?"
- "교회 다니세요? 저는 ○○교회 다니는데…"
- "영화에 관심이 많은가 보죠? 저는 최근에 ○○영화를 봤는데, 보셨어요?"

공감을 의식적으로 일으키는 방법도 있다. 예를 들어 대화를 하며 상대방의 자세나 손짓을 따라 하고, 시선을 마주치고, 말의 속도나 목소리 크기를 같이 하는 행동이 그것이다. 신경언어를 연구하는 사람들에 따르면 이러한 행위는 무의식적으로 상대방에게 호감을 준다고 한다.

소통하기를 원하는 사람이 있는데, 아직 뚜렷한 공통점이 없다면 공통점을 만들면 된다. 등산을 좋아하는 사람이라면 함께 등산을 하는 것이다. 낚시를 좋아하는 사람과 친해지려면 함께 낚시를 하면 되고, 골프, 음악, 독서, 요리와 같은 취미활동을 함께 하는 것도 좋은 방법이다.

소통을 잘하려면 마음을 열고 질문을 하자. 소통을 잘 하려면 진실한 마음으로, 내 고집을 버리고, 마음을 활짝 열고, 상대방을 맞이하면 된다. 마음을 굳게 걸어 잠그면 소통을 할 수 없다. 내 마음을 먼저 열어야 다른 사람 마음도 열 수 있다. 다른 사람 마음을 열게 하는 질문 요령은 다음과 같다.

① 칭찬하는 질문을 많이 하라.

- "기분이 좋아 보이네요, 무슨 좋은 일 있으세요?"
- "찬혁아, 이번 일은 대성공이야. 어디서 그런 능력이 나왔어? 대단해."

② 자기주장을 단정적으로 말하지 말고 의견을 구하는 질문을 하라.

- "제 생각에는(제가 판단하기에는) 이 방법이 좋은 것 같은데, 선생님 생각은 어떠세요?"
- "이번 일은 네가 맡아서 하면 어떨까?"
- "이번 시험에서는 평균 5점 정도 올렸으면 하는데, 무엇을 먼저 해야 하나?"

③ 상대방과 생각이나 의견이 일치하면, 그 부분을 강조하는 질문을 하라.

- "맞아, 내 생각도 마찬가지야. 아무래도 그렇게 하는 게 좋겠지?"
- "그러니까 어머니 생각은 다음 주에 가는 것이 좋다는 말씀이시죠?"
- "오늘은 피곤하니까 쉬고 싶다는 뜻인가?"

④ 비난이나 추궁하는 질문이 아니라 공감하고 이해하는 질문을 하라.

- "많이 힘들겠네. 내가 무엇을 도와주면 좋을까?"

• "이번에 실패한 것은 개인의 책임이 아니라 계획 수립에 허점이 있는 것 같네요. 다음에 성공하려면 어떤 방법이 있을까요?"

⑤ 상대방이 스스로 해결 방법을 찾을 수 있는 질문을 하라.

• "하영아, 더 좋은 방법으로는 무엇이 있을까?"

설득력 있는 질문

설득은 상대방 마음을 내 마음과 똑같이 만들어, 내 생각을 받아들이도록 하는 일이다. 그래서 사람들은 설득 기술에 관심이 많다. 정치인, 사업가, 교육자, 영업인, 자영업자를 포함하여 모든 직종과 직책에서 설득 기술은 매우 중요한 수단이다. 우리는 종종 많은 사람한테 "○○은 지긋지긋하게 말을 안 들어" 또는 "○○은 말귀를 못 알아먹는다"와 같은 푸념을 듣는다. 이럴 때는 '눈치가 없다', '불성실하다', '무책임하다' 같은 인격의 문제보다 의사소통에 문제가 있는 경우가 더 많다. 의사소통이란 쌍방향이기 때문에 결국 말귀가 없는 사람이나 말귀가 없다고 푸념하는 사람이나 모두 문제인 것이다. 거짓으로 속이고, 강제로 지시하는 방법은 어느 한쪽에 일방적인 이익일 때가 많다.

그러나 설득은 상생의 기술이다. 쌍방이 좋다고 동의해야 설득은 완성되기 때문이다. 사람은 자신의 생각과 같은 정보나 의견은 쉽게 받아들이지만 자기 생각과 다른 의견이나 정보는 잘 받아들이려 하지 않는다. 심지어 강하게 반박하기도 한다. 그러므로 상대방의 생각이나 믿음이 잘못됐다고 직설적으로 말해서는 안 된다. 상대방 스스로 자기의 믿음을 깨고 나오도록 유도해야 한다. 이것이 설득이다.

또한 상대방은 자신이 설득 당했다는 사실을 몰라야 한다. 사람은 자기 스스로 결정하기를 원하지 설득 당한 결정은 원치 않기 때문이다. 그래서 최고의 세일즈 기법은 물건을 파는 것이 아니라 고객이 물건을 사도록 설득하는 것이라고 하지 않는가. 이런 점에서 볼 때 질문은 최고의 설득 기술이다. 질문을 활용한 설득은 상대방이 스스로 결정하도록 이끌기 때문이다.

신뢰를 얻는 법

질문이 최고의 설득 기술이라고 해도 그 전에 중요한 것이 있다. 바로 신뢰다. 아무리 좋은 조건, 아무리 탁월한 설득 기술이 있어도 상대방에게 신뢰를 얻지 못하면 설득할 수 없다. 콩으로 메주를 쑨다고 해도 믿지 못하는 사이면 아무리 근사한 설득 기법을 사용한들 소용없다. 다른 사람에게 신뢰를 얻는 방법은 그동안 지혜 있는 사람들에게서 많이 전승되어 왔다. 이것을 정리하면 크게 3가지로 요약할 수 있다.

다른 사람에게 신뢰를 얻는 첫 번째 방법은 '험담하지 않는 것'이

다. 험담은 나쁜 습관이다. 칭찬보다 험담에 더 큰 재미를 느끼는 사람도 있다. 종종 사람들은 스트레스 해소용으로 험담을 즐긴다. 재미있는 점은 험담도 중독된다는 사실이다. 입만 떼면 남을 험담하는 사람은 이미 중독이나 다름없다.

험담을 하면 뒤끝도 시원하지 않을 뿐더러 다른 사람한테 신뢰를 얻지도 못한다. 함께 험담을 즐기는 사람들조차도 '혹시 저 사람이 다른 데서는 내 욕을 하지 않을까?' 하고 의심하며 경계한다. 이런 관계에서는 신뢰가 생기지 않는다. 혹시 다른 사람이 여러분 앞에서 험담을 시작하거든 화제를 돌려라. 질문으로 화제를 바꾸면 된다. 칭찬거리로 화제를 바꾼다면 더욱 좋다. 이때 다른 사람의 칭찬거리를 질문하더라도 상대방이 중독된 험담자라면 기어이 그 사람의 흉을 들춰낼 것이다. 그러므로 험담하는 사람의 칭찬거리를 질문하라. 그러면 자기 자랑을 시작할 것이다. 여러분은 그냥 들어주기만 하면 된다.

내 주변에 다른 사람 험담하기를 좋아하는 사람이 있었다. 그것 때문에 동네 사람들한테 인심을 잃고 외톨이처럼 사는데도 그 버릇을 고치지 못했다. 한 번은 우연한 기회에 서로 대화할 기회가 생겼는데 시간이 조금 지나자 다른 사람 험담을 시작했다. 중간에 말을 끊고 "어떻게 그렇게 많은 재산을 모으실 수 있었어요?" 하고 질문을 했다. 그러자 다른 사람 험담을 접고 자기가 젊었을 때 어떻게 일을 했고 어떤 고생을 했고 하며 자기 자랑을 시작했다.

이제 누군가 당신 앞에서 다른 사람을 험담한다면 "맞아. 나도 그렇게 생각해"와 같은 맞장구를 치지 말자. 자리를 피하던지, 피할 수 없다면 화제를 바꿀 적당한 질문을 하라.

다른 사람에게 신뢰를 얻는 두 번째 방법은 '배려'다. 배려는 상대방 입장에서 생각하는 것이다. 사람은 모두 자기 위주라 자기 손가락 상처를 가장 아프게 느낀다. 자신이 처한 상황이 가장 중요하다고 생각하기 때문에 다른 사람이 배려해 주면 신뢰할 수밖에 없다. 사람에 따라서는 배려를 이용하기도 한다. 대인관계에서 배신감을 느낄 때가 있는데, 배려에 합당한 결과가 나오지 않을 때 그렇다. 그래도 배려하라. 세상에는 배려해 주었을 때 고마워하는 사람이 더 많다. 그릇을 키워야 더 큰 미래를 담을 수 있다. 다음은 데일 카네기가 한 말이다.

"다른 사람을 움직일 수 있는 유일한 방법은 그들이 원하는 것에 관해 이야기하고, 그것을 어떻게 하면 얻을 수 있는지 보여주는 것이다. 이것을 잊고서는 사람을 움직일 수 없다. 성공의 유일한 비결은 다른 사람의 생각을 이해하고, 당신의 입장과 아울러 상대의 입장에서 사람을 바라볼 줄 아는 능력이다."

다른 사람을 배려하고자 할 때 질문을 활용하면 좋다. 어떤 문제가 있는지, 어떤 상황에 처해 있는지 알아야 배려할 수 있기 때문이다. 다른 사람을 이해하기 위해 질문하자. 조심스럽게 이유를 물어보라. 겸손하게 무엇을 도와주면 좋겠냐고 질문하라. 함께 문제를 해결해 보지 않겠느냐고 의견을 물어보라. 이런 질문은 여러분이 무엇을 하고 안 하고를 떠나 질문 자체로 상대방에게 힘을 주고, 위로가 되고, 따뜻함을 느끼게 한다.

다른 사람에게 신뢰를 얻는 세 번째 방법은 '성실성'이다. 성실성을 나타내는 지표는 여러 가지다. 약속을 잘 지키는지, 거짓말하지 않는지, 친절한지, 예의 바른지, 맡은 일은 잘 처리하는지와 같은 행위로 가늠할 수 있다. 칭찬을 잘 하고 남을 잘 배려하지만 맡은 일을 엉망으로 처리한다면 성실하다고 평가하지 않는다. 사람은 좋은데 하는 일은 영 형편없다고 말할 것이다. 일 처리는 잘하지만 교만하면 '잘난 척만 한다'는 말을 들을 것이다. 성실하여 믿음을 주는 사람은 한마디 말로도 다른 사람을 설득할 수 있지만 성실하지 않으면 많은 군더더기를 붙여도 설득하기 힘들다.

험담 안 하기, 배려, 성실성이 합쳐지면 신뢰도는 최고점까지 올라간다. 이런 사람이 하는 말은 어떤 사람의 말보다 설득력이 있다. 설득력은 기교로써 누구를 속이거나 후리는 것이 아니다. 신뢰 요소가 전혀 없는 사람은 한 번 정도는 어떻게 사람을 속일 수 있겠지만 지속하기는 힘들다.

설득력 있는 대화의 원칙: 질문

설득 방법은 여러 가지다. 편지, 설교, 연설, 솔선수범적인 행동 모두 좋은 방법이다. 그러나 서로 마주 앉아 대화하는 것만큼 확실하고 영향력 있는 방법은 아니다. 대화 속에 설득이 있다.

설득력 있는 대화의 첫 번째 원칙은 질문 칭찬이다. 칭찬을 받은 사람은 칭찬한 사람을 좋아하게 마련이다. 진심으로 칭찬하면 마음을 열고, 마음을 열면 신뢰가 생긴다. 아무리 둘러봐도 칭찬거리가 없는 사람도 있다. 그러나 참 묘하게도 모든 사람은 양면성이 있다. 단점이 있으면 장점이 있게 마련이다. 단점도 보는 각도만 바꾸면 칭찬거리가 될 수 있다. 고집이 센 사람은 다르게 보면 자기 주관이 뚜렷한 사람이다. 키가 작은 사람은 아담하다고 칭찬하면 된다. 촌스러우면 소탈하고, 지저분하면 털털한 사람이 성격이 좋다고 칭찬하면 된다.

중요한 것은 세상을 보는 태도다. 마음의 태도를 바꾸면 칭찬거리가 쌓인다. 칭찬이 쌓이면 신뢰도 함께 쌓인다. 칭찬할 때 질문법을 사용하면 칭찬을 강조해 효과를 높일 수 있다. 질문 칭찬은 상대방에게 자랑할 기회를 주는 방법이다. 누구나 자랑하고 싶어 한다. 상대방이 자랑하게 하려면 다음과 같이 질문하면 된다.

- "영수야, 너희 형이 의대 합격했다며 공부 방법이 뭐야?"
- "미술 대전에서 입선한 방법이 뭐야?"
- "선배님처럼 글을 잘 쓰고 싶어요. 비결이 뭐예요?"

질문으로 칭찬하기는 상대방을 축하하면서 자랑할 기회를 선물한다. 이런 질문을 습관처럼 활용하면 소통하는 데 문제가 없다.

설득력 있는 대화의 두 번째 원칙은 질문하기다. 일방적으로 말해서는 상대방을 설득하지 못한다. 상대방이 말하게 하려면 질문을 해야 한다. 좋은 질문을 하고 잘 들어주면 누구든지 당신 앞에서 마음을 열고 대화할 것이다. 다음은 《카네기 인간관계론》에 나오는 말이다.

"말주변이 있는 사람이 되기를 원한다면, 우선 주의 깊은 경청자가 되어야 할 것이다. 자신에게 흥미를 느끼게 하려면 먼저 남에 대한 흥미를 가져야 한다. 다른 사람들이 대답하기 좋아하는 질문을 던져야 한다. 그들 자신과 그들의 업적에 관해 이야기하도록 그들을 격려해 주어야 한다."

설득력 있는 대화의 세 번째 원칙은, 질문을 한 후 상대방에게 생각하고 대답할 여유를 주는 것이다. 질문하고 나서 상대방이 머뭇거린다고 해서 바로 자신의 이야기를 시작한다면 질문은 하나 마나다. 비록 해결책을 알고 있더라도 마찬가지다. 질문을 받은 상대방이 스스로 답을 찾아 이야기할 때까지 기다려야 한다. 상대방이 대답을 머뭇거린다고 해서 몰라서 그런다고 생각하지 마라. 대답을 기다려라.

설득력 있는 대화의 네 번째 원칙은, 상대방의 대답을 평가하지 말

고 다시 질문하는 것이다. 예를 들어 "나는 이 방법이 좋다고 생각해" 하고 말하면 "그건 좋은 방법이 아냐", "그거 참 좋군" 하고 판단하여 말하기보다 다음과 같이 질문하면 더 효과적이다.

- "그 방법을 쓰면 무엇이 가장 좋은데?"
- "그렇게 하면 무엇이 유리할까?

이런 질문을 받으면 상대방은 더 깊이 생각한다. 그러면 더 좋고 창의적인 해결책을 찾아낼 수 있다. 사람은 다른 사람의 아이디어보다 자신이 찾아낸 방법이나 해결책을 실행할 때 더 큰 열정을 품는다.

설득력 있는 대화의 다섯 번째 원칙은 질책하지 않고 기회를 주는 질문을 하는 것이다. 완벽한 사람은 없다. 누구나 장점이 있고 단점이 있다. 실수도 한다. 상대방이 실수했을 때 책망하는 것은 그저 화풀이에 지나지 않는다. 아무런 이익이 없다. 중요한 사실은 실수한 사람을 곤란에 빠뜨리거나 실망하지 않도록 하고 다음번에는 잘할 기회를 주는 것이다. 상대방의 강점을 칭찬하고 실수를 성장의 기회로 만드는 대화가 설득력 있는 방법이다. 다음과 같이 질문해 보자.

- "이번 실수에서 무엇을 느꼈니?"
- "다음에 실수하지 않으려면 무엇을 개선해야 한다고 생각하니?"

- "이 실패에서 무엇을 배웠니?"
- "너의 장점은 뭐야?"
- "네가 가장 자신 있게 할 수 있는 것은 무엇일까?"

설득력 있는 대화의 여섯 번째 원칙은 '같이 ~면 어떨까?', '~할 수 있을까?'와 같은 질문을 사용하는 것이다. 이런 질문으로는 다음과 같은 것이 있다.

- "같이 한번 노력해 보면 어떨까?"
- "이 상황에서 벗어나려면 우리가 함께 무엇을 해야 할까?"
- "같이 이 문제를 검토해 보면 어떨까?"
- "지금 같이 일을 시작해 보면 어떨까?"
- "내가 무엇을 도와줄까?"

이런 질문은 일방적 지시로 생기는 거부감을 줄여준다. 설득을 위해서 많은 말이 필요한 것은 아니다. 이제 누군가를 설득할 일이 생긴다면 '무슨 말을 할까?'를 고민하지 말고, '무슨 질문을 할까?'를 고민하라. 질문은 이해를 낳고, 이해는 신뢰를 낳고, 신뢰는 설득을 낳는다.

질문은 어떻게 해야 할까?

일반적으로 질문은 좋은 결과를 낳는다. 앞에서 살펴본 것처럼 질문은 다른 사람을 설득하는 데도 쓰임새가 있다. 불편한 사람과 소통하기 위해서도 질문을 활용할 수 있다. 질문은 다른 사람에게 생각을 전달하는 방법이자 갈등을 해결하는 기술이다. 처음 보는 사람이라도 여러분이 용기를 내어 질문하면 충분히 친해질 수 있다.

그러나 모든 질문이 그렇지는 않다. 어떤 질문은 상대방을 곤란하게 만들기도 하고, 기분 나쁘게 만들기도 한다. 또한 어떤 질문은 오히려 강한 반발을 일으키기도 한다. 따라서 질문할 때도 예의가 있어야한다. 심문하듯이 하는 질문, 꼬치꼬치 캐묻는 질문, 엉뚱한 질문, 대답하기 곤란한 질문은 좋지 않다. 소크라테스는 다른 사람을 만나기 전에 질문을 준비하라고 했다. 상대방이 마음을 열고 대화하도록 질문을 준비하라고 한 것이다. 그래야 자연스러운 대화가 가능하기 때문이다. 여기서는 평소 활용할 수 있는 질문 유형을 살펴볼 것이다.

열린 질문과 닫힌 질문

열린 질문은 '예'나 '아니오'와 같이 단답형으로 대답할 수 없는 질문이다. 깊이 생각해야만 대답할 수 있는 질문이다. 열린 질문을 해야 상대방은 더 많은 생각을 하게 되고 다양한 답을 얻을 수 있다. 열린 질문은 질문을 받은 상대방에게 깊이 성찰할 기회를 준다. 아울러 문제 해결 방법을 찾아내도록 자극하기도 한다. 상대방의 뇌를 자극하여 상상의 날개를 활짝 펼치게 하는 질문도 열린 질문이다. 열린 질문을 잘 구사하면 상대방의 생각, 의견, 감정 상태를 비롯하여 많은 정보를 얻어낼 수 있다. 열린 질문은 주로 이런 유형이다.

〈열린 질문 유형〉

- ~에 관하여 어떻게 생각하는가?
- 어떤 해결책이 있을까?
- 좋은 방법은 무엇인가?
- 계획은 무엇인가?
- 그 계획을 어떻게 실천할 생각인가?
- 하고 싶은 일이 무엇인가?
- 장애물은 무엇인가?
- 만약 ~이라면 어떻게 될까?

닫힌 질문은 '예/아니오'처럼 간단한 대답이 필요할 때 사용한다. 어떤 사실을 확인할 때나 상대방 생각을 확인할 때 유용한 질문이다. 특히 상대방의 생각이나 말을 정확하게 이해하지 못했을 때 다시 한 번 확인하기 위해 닫힌 질문을 활용한다. 닫힌 질문은 주로 이런 유형이다.

〈닫힌 질문 유형〉

- 그 사실이 확실한가?
- 그렇게 하길 원하나?
- ~다는 말씀이시죠?
- 언제 하면 좋을까요?
- ~생각에 동의하십니까?

미래 지향적 질문과 과거 지향적 질문

실패한 사람에게 '실패한 이유가 무엇입니까?' 하고 묻는 것은 과거 지향적이다. 과거 지향적인 질문은 과거에 초점을 맞춰 실수나 실패를 자책하게 한다. '앞으로 어떻게 실수를 극복할 생각인가?'와 같은 질문은 미래지향적 질문이다. 미래 지향적인 질문은 미래의 성공하는 모습을 상상하며 답을 찾을 수 있다. 미래지향적 질문과 과거 지향적 질문의 예시를 보자.

미래지향적 질문	과거 지향적 질문
• 어떤 가능성이 있는가?	• 실패는 왜 하는 거야?
• 다음에 무엇을 하고 싶나?	• 도대체 문제가 뭐였나?
• 어떤 계획이 있는가?	• 누가 이렇게 일을 망쳤지?
• 다른 대안을 생각하면 어떨까?	• 그렇게 한 이유가 뭔가?
• 다른 방식으로도 가능할까?	• 왜 그랬어?
• 5년 뒤 모습은 어떨까요?	• 그것을 하지 않은 이유는 무엇인가?

'왜?' 질문과 '어떻게?' 질문

'왜'가 들어간 질문을 하지 말고 '어떻게'가 들어간 질문을 해야 문제를 해결할 수 있다. 초점을 문제에 맞추지 말고 해결 방법에 맞추라는 뜻이다. '왜'가 들어간 질문은 이유나 원인을 묻기에는 좋은 질문이지만, 마치 추궁하는 것처럼 들려 상대방의 마음을 상하게도 한다. 그러면 상대방은 방어 자세를 취하고 마음을 열지 않는다. "시험 점수가 왜 이래?" 하고 질문하면 좋은 점수를 왜 얻지 못했는지 추궁하는 것처럼 들린다. 또한 "내가 왜 그 일을 해야 합니까?" 하고 질문하면 그 일을 하기 싫다는 의미로 들린다.

이처럼 '왜'가 들어가는 질문은 부정적인 결과를 초래한다. 그래서 '어떻게'로 질문하는 것이다. '어떻게' 질문은 상대방이 추궁당하고 있다는 느낌을 받지 않기 때문에 방어적이지 않고 마음을 활짝 열어 놓고 답변하여 긍정적인 결과를 얻을 수 있다. 예를 들어 "왜 이번 시험은 그렇게 못 봤어?"보다 "다음 시험은 어떻게 준비하면 잘 볼 수 있을까?" 하고 질문하면 시험 잘 보는 방법을 스스로 생각하게 된다.

"왜 실패한 거야?"같은 질문보다 "다음번엔 어떻게 할 건데?"처럼 질문해 보자.

깨달음을 주는 질문

상대방에게 깨달음을 주는 질문은 매우 보람 있는 질문이다. 질문을 받자마자 번쩍 깨달을 수도 있고, 질문을 받고 곰곰이 생각하다 깨달을 수도 있다. 깨달음을 주는 질문을 받은 사람은 문제를 해결하는 방법을 찾게 되고, 창의적인 아이디어를 찾아낼 수도 있다. 다음과 같은 질문들이다.

- "어떻게 하면 학습 효과를 극대화할 수 있을까?"
- "어떻게 하면 자기 능력을 최대한 발휘할 수 있을까?"
- "공부할 때 가장 도전적이고 신나는 일은 무엇인가?"
- "가능한 대안은 무엇인가?"

뒤끝을 올려 질문형으로 말했다고 해서 모두 질문의 효과를 얻는 것은 아니다. 질문하는 자세와 마음가짐이 중요하다. 상대방은 이 질문이 건성으로 하는 질문인지, 관심을 갖고 하는 질문인지 태도로써 파악한다. 그렇다면 질문할 때, 질문하고 나서 답변을 들을 때 어떤 자세를 취해야 할까? 테리 J. 파뎀(Terry J.Fadem)이 쓴 《애스킹》에 나온 다음 내용을 참고하기 바란다.

절대 하지 말아야 질문

1. 다른 사람을 얕보거나 품위를 손상하는 질문
"다른 사람은 다 알아듣는데, 당신은 뭐가 문제인 거야?"
"어떻게 그런 수준 이하 생각을 하지?"

2. 프라이버시를 침해하는 질문
"집안이 어려워서 참여하지 못하는 거야?"
"너희 부모님은 이혼했다며?"

3. 부정문으로 물어보는 질문
"이것 좀 쉽게 할 방법은 없나?"
"가능한 방법은 없나?"
* 이런 종류의 질문은 답변자의 대답이 불평처럼 들리게 만든다. 어느 누구도 불평하는 사람이 되고 싶지는 않다. 부정적인 것에 초점을 맞추지 말고 무엇을 좋아하는지 물어보는 것이 낫다.

4. 편견이 섞인 질문
"여자들이 그것을 할 수 있겠나?"
"지난 번에도 실패했는데 잘할 수 있겠나?"
* 편견이 들어 있는 질문은 반발에 직면할 수 있다. 이런 질문은 사람들이 자신의 미래를 걱정하도록 만든다. 이런 질문은 개인과 조직에 해가 된다.

5. 응답자에게 부정적인 느낌을 주는 질문
"당신의 솔직한 의견을 말씀해주시겠습니까?"(솔직하지 못한 의견을 말할 것이라는 듯이 들릴 수 있다)
"몰랐어?"

6. 방어적인 질문
"여쭙기 죄송한 질문인 줄 알지만…"
"이런 걸 물어보긴 싫지만…"
"기분 나쁠 수 있지만, 꼭 짚고 넘어가야겠는데 말이야…"
* 방어적인 질문을 하지 마라. 그것은 질문의 의도를 훼손하고 질문 자체를 공격적으로 만든다.

좋은 질문은 간단하고 명확하다. 질문이 길면 앞부분에서 무슨 말을 했는지 잊어버릴 수 있다. 국회에서 하는 청문회나 국정감사를 보면 어느 의원은 5분 동안 질문하고 답은 '예'나 '아니오'로 하라고 다그친다. 좋은 모습이 아니다.

질문은 간단하고 명확해야 핵심에서 벗어나지 않는다. 좋은 질문은 열린 질문, 미래지향적 질문, 긍정적인 질문이다. 추궁하는 질문이 아니라 답을 찾도록 자극하는 질문이다. 무엇보다 깨달음을 주는 질문을 하면 좋다. 그렇다고 닫힌 질문, 과거 지향적 질문, 부정문으로 물어보는 질문이 전혀 쓸모없다는 뜻은 아니다. 적절히 가려서 사용하라는 뜻이다.

질문 자세

질문할 때는 팔과 손동작을 주의할 필요가 있다. 팔짱을 끼는 동작은 폐쇄성을 나타낸다. 질문을 받은 상대방이 어떤 대답을 하든 받아들이지 않겠다는 단호한 의지로 해석된다. 질문할 때 팔을 벌리고 손을 벌리는 동작은 무슨 답변을 하든 수용하겠다는 의사 표시다. 대화할 때 눈을 맞추는 것은 아주 좋은 태도다. 질문할 때도 마찬가지다. 질문을 시작하고 끝낼 때 눈을 맞추는 습관은 좋다. 팔과 눈뿐 아니라 얼굴 표정, 태도 같은 바디랭귀지는 소통할 때 보이지 않은 언어로서 매우 중요하다. 질문할 때 명심해야 할 바디랭귀지 기본 규칙은 다음과 같다. 테리 J. 파뎀이 지은 《애스킹》에 나온 내용이다.

질문을 할 때 명심해야 할 바디랭귀지 기본 규칙

1. 팔짱을 끼지 마라.
2. 응답자를 정면으로 바라보라.
3. 질문할 때 상대방 눈을 쳐다보라.
4. 바로 서거나 등을 곧게 펴고 앉아 질문하라.
5. 바닥에 두 발을 붙이고 서거나 앉아라.
6. 살짝살짝 움직이거나, 떨거나, 흔들지 마라. 동요나 초조함은 바디랭귀지로 곧바로 드러난다. 좋은 답을 원한다면 초조하더라도 이를 드러내지 마라.
7. 질문하자마자 약간 몸을 앞으로 숙여라. 이것은 답에 관심이 있다는 것을 보여준다.
8. 가장 좋은 반응을 얻기 위해 편안한 얼굴 표정을 지어라. 눈썹을 찡그리거나 입술을 오므리거나 입술을 깨물거나 곁눈질하거나 움츠리거나 하품하는 불편한 모습을 보이지 마라.
9. 웃어라, 적어도 친근하게 보여라. 심각한 실수나 비도덕적인 혹은 불법적인 행동을 조사할 때도 당신에게 유리하게 작용할 수 있다.
10. 호흡을 평소처럼 하라. 질문한 후 바로 깊은 한숨은 쉬는 것은 상대방을 당황하게 만든다.
11. 긴장을 유지하라.
12. 대답에 준비되어 있는 듯이 보여라. 예상치 못한 일을 예상하라. 갑작스러운 일은 자주 발생하지 않지만, 꼭 발생한다.

경청 자세

질문 못지않게 경청과 관심도 중요하다. 경청 능력이 뛰어나면 질문 효과가 더 크게 나타난다. 질문자는 답변을 들을 때 말 속에 숨어 있는 의미까지 파악할 수 있어야 한다. 그러기 위해서는 자기 생각이나 감정은 내려놓고 상대방 입장에서 문제를 바라보고 생각하고 느껴야 한다. 상대방 생각이 자기 생각과 다르다고 비판하거나 자기 의견을 강요해서는 안 된다. 이는 상대방을 이해하고 사랑할 때 가능하다.

귀만 열어 놓는다고 경청이 이루어지는 것은 아니다. 경청은 귀 기울여 듣는 것을 말한다. 그러므로 반듯한 자세를 취하고, 시선을 맞추고, 적당히 고개를 끄덕이며 반응하는 태도가 중요하다. 상대방의 말을 적극적으로 경청하지 않으면 질문이 좋아도 결과는 좋지 않다.

질문하고 제대로 듣지 않으면 질문의 의미도 없어지거니와 상대방이 인격을 의심해 결코 신뢰를 얻지 못한다. 이는 좋은 대인관계를 해치는 지름길이다. 그러나 경청은 생각처럼 쉽지가 않다. 사람에 따라 말을 맛있게 해서 얼마든지 듣고만 있어도 시간 가는 줄 모를 때도 있지만, 지루해서 단 5분도 집중하기 어려울 때도 있다. 더구나 관심 밖의 이야기를 하거나 전혀 모르는 내용을 이야기하면 경청하기가 쉽지 않다. 또 대화하면 할수록 짜증 나는 사람도 있다. 한번은 아는 사람과 밥을 먹다가 책을 쓰는 중이라고 말했더니 "그까짓 책 나는 지금 당장 써도 두 권은 쓰겠다"고 하는 게 아닌가. 이런 사람과 누가 대화를 하고 싶겠는가.

경청은 듣는 자세가 중요하다. 마음을 열어 놓고 들어야 한다. 말 실수를 지적하거나 내 생각과 다르다고 비판할 필요가 없다. 조신영과 박현찬이 쓴 《경청》에는 다음과 같이 경청을 위한 기본자세가 나와 있다.

"악기나 종은 그 속이 비어 있기 때문에 공명이 이루어져 좋은 소리가 난다. 사람도 상대의 말을 왜곡하지 않고 있는 그대로 받아들이기 위해서는 먼저 빈 마음이 필요하다. 텅 빈 마음이란 나의 편견과 고집을 잠시 접어 두라는 의미다."

경청을 이보다 더 잘 표현한 말이 없을 듯하다. 그러면서 이 책은 '경청을 실천하기 위한 다섯 가지 행동 가이드'를 다음과 같이 제시하고 있다.

① **공감을 준비하자.** 대화를 시작할 때는 나의 마음속에 있는 판단과 선입견, 충고하고 싶은 생각들을 모두 비워내자. 그냥 들어주자. 사운드박스가 텅 비어 있듯, 텅 빈 마음을 준비하여 상대방과 나 사이에 아름다운 공명이 생기도록 하자.

② **상대를 인정하자.** 상대방의 말과 행동에 잘 집중하여 상대방이 얼마나 소중한 존재인지를 인정하자. 상대를 완전한 인격체로 인정해야 진정한 마음의 소리가 들린다. 상대가 누구든 상관없이 상대방을 인정하고 대화를 시작하자.

③ **말하기를 절제하자.** 누구나 듣기보다 말하기를 좋아하는 이유는 상대를 이해하기 전에 내가 먼저 이해받고 싶은 욕구가 앞서기 때문이다. 이해받으려면 내가 먼저 상대에게 귀를 기울여야 한다. 먼저 이해하고 다음에 이해받아라. 말

하기를 절제하고, 먼저 상대에게 귀를 기울여 주자.

④ **겸손하게 이해하자.** 겸손하면 들을 수 있고, 교만하면 들을 수 없다. 상대가 내 생각과 다른 말을 해도 들어줄 줄 아는 자세가 가장 중요하다. 사람들이 원하는 것은 자기 말을 진정으로 들어주고 자기를 존중해 주며 이해해 주는 것이다. 항상 겸손한 자세로 상대를 이해하자.

⑤ **온몸으로 응답하자.** 경청은 귀로만 하는 것이 아니다. 눈, 입, 손으로도 하는 것이다. 상대방의 말에 귀 기울이고 있음을 계속 표현해야 한다. 몸짓과 눈빛으로 반응을 보여야 한다. 상대에게 진정으로 귀 기울이고 있다는 신호를 온몸으로 보내자.

대니얼 골먼(Daniel Goleman)은 《사회지능》에서 공감을 이끄는 비결로 ①상대방에게 주의를 기울이는 것, ②서로에게 좋은 감정을 갖는 것, ③말이 필요 없을 정도로 조화와 일체성을 만드는 것을 꼽았다. 상대방에게 '주의를 기울이는 것'이 핵심 요소다. 두 사람이 서로 배려하고 양보할 때, 서로는 서로에게 관심을 기울인다는 느낌을 받는다. 서로 같이 마음을 쓰는 이러한 주의력은 커다란 감정의 공유를 일으킨다.

그다음은 '서로에게 좋은 감정을 갖는 것'인데, 단순히 겉치레로 편하게 해주는 것과 진심 어린 신뢰감을 자아내는 것은 다르다. 서로에게 좋은 감정은 주로 말투와 표정으로 나타난다. 긍정적인 느낌을 만들어 가는 과정에서는 비언어적인 것이 실제 말하는 내용보다 더 중요한 의미를 띤다.

마지막은 '조화와 일체성'이다. 우리는 주로 말의 빠르기와 적절성, 그리고 몸짓과 같은 비언어적인 통로로 서로 조화를 이룬다. 공감 관계로 맺어진 사람들은 감정을 자유롭게 표현하는 가운데 생기가 넘쳐난다. 부르고 화답하는 자연스러우면서도 즉각적인 상호작용은 마치 세심하게 안무된 춤 동작 같다. 시선이 만나고 의자를 당겨 서로 가까이 다가가고 심지어 보통의 대화에서보다 얼굴도 서로에게 바싹 들이민다. 할 말이 없을 때도 그들은 편하다.

공감이 없는 상태에서 질문은 질책이 되기도 하고 책임 추궁이 되기도 한다. 성의 없는 대답을 늘어놓도록 만든다. 묻고 답하는 과정이 껄끄럽고 썰렁하기 쉽다. 질문에 영향력이 없다.

준섭이는 엄마와 소통이 되지 않아 답답했다. 부모와의 소통은 초등학교 때 이후로 포기했다.

"샘, 엄마 땜에 진짜 짜증나요! 말이 통하질 않아요."

"준섭이가 엄마 때문에 많이 답답한 모양이구나."

"네, 아휴 집을 나올 수도 없고. 제가 계속 참기는 하는데 가끔은 정말 못 참겠어요."

"에구, 준섭이가 힘들어도 꾹꾹 잘 참았는데 이번에는 뭔가 도저히 못 참을 만한 일이 있었나 보네."

"학원 숙제 다 끝내고 애들이랑 게임을 하고 있는데 방에 들어와 욕을 해서 애들도 다 듣고 진짜 창피해요. 갑자기 학원 그만두라고 난리치고 도대체 왜 저러는지 모르겠어요."

"너는 네 할 일 끝내고 게임하는 거였는데 진짜 억울했겠다."

"네, 완전 돌겠어요. 집에 들어가기 싫어요."

"억울하고 답답하고 내 맘 몰라주는 것 같고 그러면 샘도 도망가고 싶고 안보고 싶고 그래. 지금 준섭이가 얼마나 답답할지 상상은 안 가지만 아마도 그런 마음일 것 같구나. 그래서 너는 어떻게 하고 싶어?"

"그래서 친구들이랑 피시방에서 실컷 놀다 왔어요. 이제 집에 가면 또 난리가 날 텐데 들어가기 싫어요."

"친구들이랑 놀면서 기분은 어땠어?"

"애들이랑 놀 때는 잊어버렸는데 생각하면 또 짜증이 났어요."

"그렇구나, 노는 동안에는 잊어버려서 기분이 좋았다가 생각하니까 다시 짜증이 났구나. 그래 그럴 수 있지. 너는 엄마가 어떻게 했으면 좋겠어?"

"제발 내 말을 좀 듣기라도 했으면 좋겠어요."

"엄마가 네게 말할 수 있는 기회라도 주시길 바라는구나. 그러니?"

"네."

"샘이 방법을 알려줄 테니 한 번 해볼래?"

"그런 게 있어요?"

"어때? 있다면 한 번 해볼 생각 있어?"

"네, 한 번 해볼게요."

"지금까지와는 반대로 해보는 거야. 그러니까 지금까지는 네 말을 먼저 하려고 했다면 이제부터는 엄마가 먼저 말을 하시도록 기회를 드리는 거야."

"아, 말도 안돼요. 어차피 엄마 혼자 말하고 끝나는 걸요, 뭘."

"그치, 그리고 그럴 때 엄마 눈을 보고 끄덕끄덕 하면서 진짜로 들어드리는 거야. 그리고 엄마가 하신 말씀을 요약해서 다시 말해 봐. 그러니까 엄마는 제가 게임을 너무 오래하고 있고, 학원 숙제를 먼저 하라는 말씀이시죠. 이렇게 말이야. 눈 딱 감고 한 번 해봐."

"아. 진짜 힘들지만 오늘 한 번 해볼게요."

그렇게 돌아간 준섭이가 다음 주에 아주 신이 나서 왔다.

"샘. 와, 신기해요. 엄마가 제 말을 들어주셨어요. 하하하하하."

"그래? 좀 더 이야기해 보렴."

"샘이 그러셨잖아요. 엄마 눈을 보고 끄덕끄덕하고 엄마가 한 말 다시 하라고. 근데 선생님이 하던 식이 그냥 생각이 났어요. 엄마는 제가 엄마 말을 전혀 들을 생각이 없다고 생각하시는 거예요? 엄마는 제가 게임을 안 하길 원하시는 거에요? 엄마는 제가 공부를 더 열심히 하길 원하시는 거예요? 이렇게 했거든요. 선생님이 제 이야기 들을 때 하신 것처럼요. 근데 세상에 엄마가 처음에는 멈칫멈칫하시더니 목소리가 낮아지시면서 그래, 그렇다니까. 넌 어떻게 생각하는데 이렇게 물어보시는 거예요. 헐. 대박."

"그랬구나. 정말 신기하고 기뻤겠다. 그래서 넌 뭐라고 했어?"

"샘이랑 그때 이야기한 것처럼 제가 억울한 걸 말했어요. 사실 맨날 하는 게 아니고, 숙제 다 하고 한 거고 엄마가 잔소리하면 기분이 나빠서 피시방에 가게 된다. 다른 친구들도 하루에 두 시간씩은 넘게 한다. 난 그렇게 많이 하는 거 아니다. 학원 숙제 끝내고 할 때는 봐줘라. 그리고 엄마랑 타협했어요. 학원 숙제 다 하고 나면 1시간 30분은 게임할 때 잔소리 안 하시기로."

"아주 만족스러운가 보네. 와, 준섭이 대단하다. 왜냐하면 네가 한 게 바로 경청 기술이라는 건데 어른들도 어려워서 배우고 몇 달씩 연습하거든. 넌 그걸 샘한테 한 번 듣고 바로 가서 한 거니 말이야. 샘이 자랑스러운데?"

상대를 설득하고 싶은 마음이 클 때는 무엇을 말하는지에 집중해야 한다. 그런데 사실은 듣기를 잘해야 상대를 설득하기도 쉬워진다. 왜냐하면 상대는 자신의 이야기를 상대가 잘 듣고 있다는 사실을 알게 될 때 그 사람의 이야기를 들을 준비를 하기 때문이다. 그래서 설득의 기본은 경청이다. 상대의 얼굴을 보고 고개를 끄덕끄덕하고, 상대의 말에 대해 내가 이해하고 있는 부분을 다시 내 말로 전달해야 상대는 내가 잘 들었다는 걸 알게 된다. 그리고 우리 이야기를 들을 준비가 된 것이다.

다른 사람에게
동기를 부여하는 질문

2년 정도 코칭을 한 세연이가 고3이 되었다. 어느 날 기분이 한층 고무되어 세연이가 첫 마디를 던졌다.

"선생님, 제가 친구를 코칭해줬어요."

"그래? 와, 코칭을 받더니 이제 코칭을 할 수 있게 되었구나."

"네, 그 친구가 저랑 이야기를 나눈 후부터 공부를 열심히 해야 되겠다며 매일 카톡으로 공부한 거 서로 보고하기로 했어요."

"야, 세연이 정말 뿌듯하겠다."

"네, 처음에 친구가 고민 상담을 했는데, 저도 모르게 선생님이 하시는 질문들을 하고 있더라고요. 원하는 게 뭐야? 그게 해결되면 어떤 게 달라질 것 같은데? 지금은 어떻게 하고 있어? 네가 원하는 대로 되려면 뭐부터 해야 해? 이런 거 있잖아요. 그냥 생각나는 대로 했는데 친구가 도움이 많이 되었다고 고마워하더라고요."

"와, 세연이 이제 주니어 코치해도 되겠다. 정말 잘 했어. 그 얘기를 들으니 선생님도 뿌듯하고 고맙다."

프로세스가 있는 코칭 질문은 누군가를 돕고자 하는 진심이 통하면 상대가 문제를 해결할 힘을 얻도록 만들 수 있다. 질문이 다른 사람 인생을 송두리째 바꿀 수도 있다니 대단한 일 아닌가. 좌절에 빠진 사람이 질문으로 새로운 용기를 얻는다면 얼마나 보람된 일이겠는가. 본인도 모르는 잠재력을 질문으로 깨닫도록 하고, 생각지도 못한 큰 성과를 이루도록 동기부여를 한다면 정말 보람 있는 일 아닌가. 준비하고 계획적인 질문을 하던지, 그냥 무심코 질문을 하던지 질문을 받는 사람은 답을 찾으려고 생각할 것이다. 질문에 답을 찾는 과정에서 새로운 사실을 깨닫기도 하고, 용기를 얻기도 하며, 자신이 갈 길을 발견하기도 한다.

좋은 질문은 다른 사람의 능력을 강화하고, 스스로 문제에 맞는 답을 찾아가도록 유도하며, 스스로 문제를 해결하는 주도적인 사람으로 만드는데 기여한다. 그러므로 리더가 되기를 원한다면 질문 기술을 배울 필요가 있다. 최고의 질문이 최고의 성과를 이끌기 때문이다. 리더가 해야 할 최고의 질문은 어떤 특징이 있는지 마이클 J. 마쿼드 (Michael J. Marquardt)는 《질문 리더십》에서 이렇게 말했다.

목표를 설정하도록 이끄는 질문

남궁정부 씨는 구두장이다. 수제화가 인기를 끌던 70, 80년대 웃돈을 받아가며 여기저기 스카우트되던 구두 장인이다. 그러나 세월은 냉정하여 1990년대 들어 수제화 시대가 지나고, 구두장이는 생계를 걱정할 정도로 곤궁해졌다. 1995년 11월 어느 날, 서울 지하철 1호선을 타려고 기다리다 인파에 밀려 선로로 떨어졌다. 열차가 그를 덮쳤다. 꽝음과 요란한 불빛을 던지며 달려오는 전철을 보며 그는 기절해 버렸다. 깨어나 보니 병원이었다. 다행히 죽지는 않았다고 생각하며 조금씩 눈을 올려보는데, 팔이 너덜너덜하게 찢겨 어깨에 붙어 있었다. 평생 구두장이로 살았던 사내가 인생을 잃은 것이다.

입원 사흘째 되던 날 아침, '살아야겠다'고 머릿속에서 수백 번 외치고 일어났다. 만류하는 가족들을 뿌리치고 면도기를 사서 왼손으로 수염을 깎았다. 그리고 담배를 뻑뻑 피워대며 병원을 쏘다녔다. "후유증이 있을 수 있으니 다시 수술해서 나머지 팔을 더 잘 잘라내자"는 의사 말에 몇 센티미터 남은 팔까지 잘라내고 퇴원했다. 열흘 만이었다. 삶의 계획은 전혀 없었다. 의수를 만들러 간 의료보조기상 사장이 "남은 팔이 너무 짧아서, 물건을 잡을 수 있는 기능성 의수는 어렵겠습니다"라고 말했다. 기가 막혔다. 수술을 왜 또 했나 했지만, 그다음 말이 그를 사로잡았다.

"성한 팔이 있으면 그 팔만 쓰려고 하니까 더 어려워요."

'옳거니 나는 왼팔이 있지 않은가. 오른팔이 없는 게 아니라 오른팔만 없는 거지' 하는 생각에 이런저런 얘기를 나누다가 구두장이였다는 말이 나왔다. 그러자 보조기상 사장이 한마디를 툭 던졌다.

"장애인 신발 한 번 만들어보지요?"

인생 2장은 그렇게 질문을 받으며 막이 올랐다. 인생 1장이 끝난 게 55세였고, 2장은 금방 시작됐다. 중간 휴식도 없는 숨 가쁜 무대였다. 마음을 잡고 처음 시작한 것이 젓가락질과 글씨 연습이었다. 피나는 노력을 했다. 익숙해지면서 가죽 자르기를 다시 시작했다. 처남 집 차고에 '세화정형제화연구소'라는 간판을 걸어놓고 손님을 기다리는데 홍보도 없고, 설사 홍보가 됐더라도 찾아왔을까 마는, 손님은 없었다. 하나뿐인 직원이 말려도 날카로운 재단용 칼을 들고 가죽을 자르다가 허벅지를 쑤셔 가게를 피바다로 만든 적도 있었다.

"참을 인자 세 번이면 왜 살인도 면할 수 있는지 알았어요. 그만큼 그 고통을 참는 게 어려웠지."

이제는 쌈도 싸먹고, 가죽 재단용 칼도 무소불위로 휘두르게 된 외팔이 선생이 웃는다. 팔 없는 구두장이에게 단골 가죽상도 외상을 주지 않았다. 돈이 꾸역꾸역 들어갔다. 아내는 식당 일을 하며 그 돈을 메웠다. 그러다 가게를 연 지 6개월이 지난 후 한쪽 다리가 8센티미터 짧은 사십대 손님이 뒷굽을 높여 수선해 준 구두를 신고 찾아왔다.

"길이는 좋은데, 발이 자꾸 앞으로 미끄러져요."

팔 없는 장인이 만든 구두를 신어줘서 고맙고, 자꾸 미끄러지는 구두를 신어준 게 또 미안하고 고마웠다. 이후 손님에게 꼭 맞는 구두를 만드느라 세월이 갔지만, "남에게 꼭 필요한 사람이 될 수 있다는 걸 알았다"고 한다. 날 때부터 소아마비였던 소녀, 그래서 결혼식 때 꼭 제대로 걸어서 웨딩마치를 하는 게 소원이었던 여자에게 구두를 맞춰주었다. 발이 기형적으로 커서 태어나 단 한 번도 신발을 신어본 적이 없는 사내에게 신발을 만들어주어 구두닦이에게 "구두 닦아 달라"고 당당하게 발을 내밀게 해준 일도 있었다. 그래서 어느 날 가게가 문을 닫을 정도로 곤궁해졌을 때, 단골손님들이 찾아와 십시일반으로 모은 3천만 원짜리 통장을 내밀었다고 했다. "당신 없으면 우리가 걷지를 못하니, 당신은 꼭 돈을 벌어라"며 막무가내로 통장을 내밀었다고 한다.

그 모든 신발이 광대무변한 우주 속에 오직 한 켤레밖에 없는 신발들이었다. 손바닥에 한 켤레가 오롯이 들어가는 작은 신발도 있었고, 겉보기에는 신발 형태로 보이지 않는 자루 같은 신발도 있었다. 왼팔로 만든 우주에 단 하나뿐인 신발이 자그마치 5만 켤레다.

훌륭한 리더는 상대방이 목표를 정하도록 이끄는 질문을 한다. 이 것은 개인 목표가 될 수도 있고, 조직 목표나 비즈니스 목표가 될 수도 있다. 뚜렷한 목표 없이 인생을 사는 것은 나침반 없이 항해하는 것과 같다.

다음은 상대방에게 목표를 설정하도록 이끄는 질문들이다. 앞의 '나에게 중요한 것은 무엇인가?'에서 자신에게 한 질문을 다른 사람에게 한다고 생각하면 된다.

- "너에게 가장 중요한 것은 뭐니?"
- "네가 이루고자 하는 주제 혹은 문제는 무엇일까?"
- "너에게 더 중요한 것은 무엇이니?"
- "네가 진심으로 원하는 것은 뭐니?"
- "남들보다 잘할 수 있는 것은 무엇일까?"

현재 상황을 올바로 파악하도록 도와주는 질문

조선 개국의 일등 공신은 뭐니 뭐니 해도 삼봉 정도전(1342~1398)이다. 삼봉은 고려 충혜왕 3년(1342)에 태어나 공민왕 11년에 과거에 합격했다. 스물한 살 때다. 공민왕의 총애를 받으며 잘나가던 삼봉은 우왕1년(1375)에 귀양을 갔다. 서른네 살 때다. 친명파였던 삼봉이 원나라 사신을 접대하라는 어명을 거역했기 때문이다. 원나라 사신은 한창 세력을 뻗어가고 있는 명나라를 협공하기 위해 고려를 방문한 것인데 친명파였던 삼봉은 접대하기가 싫었다. 삼봉은 "내가 사신의 목을 베던지 체포하여 명나라로 보내겠다"고 밝혀 친원파의 미움을 샀다. 유배 간 곳은 지금의 전남 나주 땅이었다. 그곳에서 농부들과 농사를 지으며 함께 어울려 살다 한 농부에게 이런 질문을 받았다.

"불의를 돌아보지 않고 한없이 욕심을 채우려다, 겉으로는 겸손한 체하다 헛된 이름을 훔치고,⋯재상이 되어서 제 마음대로 고집을 세우고⋯ 악행이 많아 죄에 걸린 것인가?"

삼봉은 부끄러워 고개를 들지 못했다. 당시 정치 현실을 비판하는 질문을 받고 삼봉은 나라와 백성을 위해 바른 정치를 하겠다는 뜻을 굳힌다. 무지렁이 농부의 질문으로 삼봉은 자신이 갈 길을 생각한 것이다. 9년간의 유배생활에서 풀려났지만 삼봉은 벼슬을 얻지 못했다.

삼봉은 우왕9년(1383) 함경도 함주에 있는 이성계를 찾아갔다. 당시 이성계는 왜구 토벌로 이름을 알렸고, 그 지역에서 큰 세력을 형성했다. 이성계가 거느린 사병의 규모가 대단했던 모양이다. 정도전이 이성계에게 질문했다.

"이 정도 군대라면 무슨 일인들 성공하지 못하겠습니까?"

'무슨 일'이 무엇인지는 이심전심했을 것이다. 둘의 만남은 정도전의 혁명 이념과 이성계의 혁명 무력의 만남이자 결합이었다. 이듬해 우왕 10년(1384), 10년 만에 다시 벼슬길에 오른 정도전은 이성계의 후원으로 승승장구한다. 이성계는 정도전의 질문에 크게 고무됐고, 그로부터 9년 후(1392) 정도전을 비롯한 신진사대부들과 함께 조선을 창업한다. 질문이 얼마나 역동적인 영향력이 있는지 역사로 알 수 있는 대목이다.

목표를 설정한 사람에게는 현실 상황을 정확히 알도록 질문을 해야 한다. 또한 상대방이 중요하게 생각하는 것이 무엇인지, 문제는 무엇인지 파악하려면 질문을 해야 한다. 현재 상황을 평가할 때 가장 중요한 것은 객관성이다. 평가는 평가자의 의견, 기대, 편견, 관심, 희망, 두려움에 따라 왜곡되기 쉽다. 주관적인 생각을 완전히 배제하기는 어렵다. 그렇더라도 우리가 객관성을 유지하려고 노력하면 할수록 객관성은 높아질 것이다. 이때는 앞에서 언급한 대로 적극적으로 경청하는 태도를 취해야 한다. 상대가 자기 방어적인 태도를 취하기도 하기 때문이다. 다음은 상황을 파악하는 질문들이다.

- "현재 상황은 구체적으로 어떤가?"
- "그동안 어떤 노력을 하였는가?"
- "정말로 문제가 되는 것은 무엇인가?"
- "그런 일이 얼마나 자주 일어나지?"

- "문제를 해결하기 위해 그동안 무엇을 시도해 보았는가?"

- "그것과 관련하여 어려움은 무엇인가?"

- "가장 큰 강점은 무엇이라고 생각하나?"

- "다른 사람과 다른 점은 무엇인가?"

- "너의 강점을 살린다면 어떤 식으로 할 수 있겠는가?"

- "너라면 특히 잘할 수 있다고 생각하는 부분은 무엇인가?"

- "어떤 상황을 만들어야 좀 더 자신의 강점을 살릴 수 있을까?"

- "약점을 강점으로 활용하려면 어떻게 하면 좋겠는가?"

- "지금 상태에서 자신의 능력을 발휘할 수 있는 것으로는 어떤 것이 있다고 생각하는가?"

- "나는 너의 이런 부분이 강점이라고 생각하는데, 그것을 살릴 수 있을까?"

해결 방안을 찾도록 유도하는 질문

잠재력을 키우는 질문은 전 포드자동차 사장인 도널드 피터슨 (Donald Petersen)이 잘 보여준다. 피터슨은 올바른 질문을 많이 하면 굳이 모든 것을 알 필요가 없다고 생각하는 사람으로 "당신은 어떻게 생각하십니까?"와 같은 질문을 끈질기게 한 것으로 유명하다.

피터슨이 자동차 디자이너인 잭 텔낵(Jack Telnact)에게 "당신은 지금 디자인하는 자동차가 만족스럽다고 생각하십니까?" 하고 질문을 했다. 그러자 그 직원은 "사실은 그렇지 않습니다" 하고 대답했다. 이때 피터슨은 매우 중요한 질문을 던졌다.

"그러면 경영진이 원하는 것을 완전히 무시하고 당신이 개인적으로 갖고 싶은 차를 하나 설계해 보는 것은 어떻습니까?"

디자이너는 사장의 말을 받아들여 1983년 포드 선더버드를 만들었다. 이 차는 그 후에 나오는 토러스와 세이블의 모델이 되었고, 포드 자동차의 수익을 대폭 올리는 계기가 되었다. 피터슨의 질문이 디자이너가 잠재능력을 발휘하여 최고의 디자인을 하도록 만든 것이다.

문제 해결 방법을 찾거나 가능한 대안을 찾기 위한 질문은 옳은 답을 찾는 것이 아니라 가능한 한 많은 대안을 찾아서 기록하는 것이다. 이 단계에서는 대안의 숫자가 각 대안의 질과 실현 가능성보다 중요하다. 그러므로 많은 대안을 내도록 격려해야 한다. 대안 수집은 창의력을 발휘하는 두뇌 활성화 과정으로, 대안 숫자만큼 중요하다.

많은 대안이 나올수록 실효성 있는 적절한 해결책을 찾는 데에 유리하다. 계획을 세울 때는 앞에서 다룬 행동 계기 만드는 방법을 활용하도록 하는 게 좋다. 즉, 언제 어디서 무엇을 어떻게 실행할지를 묻고 답하게 하는 것이다. 그다음 단계는 도출한 많은 대안에서 현실적으로 실행 불가능한 것, 당장 실천할 수 있는 것, 여건에 따라 차후에 실천할 것을 구별하는 것이다. 아울러 예상하는 장애물과 해결 방안을 마련토록 하는 게 좋다. 이때 던질 수 있는 질문으로는 다음과 같은 것이 있다.

- "비슷한 것끼리 정리해 볼까?"

- "이 상황에서 가장 먼저 취해야 할 행동은 무엇인가?"

- "그것은 어떤 방법으로 실행에 옮길 수 있나?"

- "자신의 힘으로 바꿀 수 있는 것은 무엇인가?"

- "중단해야 할 것과 계속해야 할 것은 무엇인가?"

- "도움을 청할 사람이 있다면 어떤 지원이 필요한가?"

- "이것을 실천하는 과정에서 무엇이 필요한가?"

- "그것을 위해 필요한 기술은 무엇일까?"

- "어떤 방식이 가능할까?"

- "무엇을 학습해야 하는가?"

실행하도록 동기를 부여하는 질문

뇌성마비 장애인 김경민 씨는 "한 번 해볼래?" 하는 피아노 교습소 원장 지성숙 씨의 질문으로 피아노를 배우기 시작했다. 90년대 중반 지성숙 씨는 안산의 주택가에서 피아노 교습소를 하고 있었다. 그런데 지 씨가 쇼팽 곡을 연주할 때마다 운동복을 입은 아이가 자전거를 타고 문밖을 왔다 갔다 했다. 그 아이는 창문 밖에서 교습소를 들여다봤고, 교습소 안에 있는 거울에 비친 아이 모습이 지 씨의 눈에 자주 들어왔다. 어느 날 옆에서 구경하던 소년에게 지 씨가 질문했다.

"한 번 해볼래?"

질문일 수도 있고 그냥 말 걸기일 수도 있는 이 간단한 질문이 김경민 씨의 인생을 바꿔 놓았다. 이제는 당당히 독주회를 할 만큼 피아노를 잘 치지만 그는 오그라든 손가락에 연필을 끼워 손가락을 폈고, 6개월 후에야 기적적으로 피아노를 칠 수 있었다. 하루 열 시간 넘게 연습하며 독주회를 준비했고, 전국을 다니며 연주회를 하는 것이 꿈이라고 했다. 불가능할 것 같은 이 기적을 일궈낸 데는 "한 번 해볼래?" 하는 지 씨의 질문이 있었기에 가능했다. 이처럼 누군가에게 좋은 질문을 던지면 그 질문은 좋은 결과로 대답한다.

김경민 씨는 지금까지 50여 개국에서 200여 회 이상 해외 연주회를 가졌다. 뇌성마비 피아니스트는 김경민 씨가 세계에서 유일하다고 한다. 그는 유엔본부 행사에서 벌써 세 번이나 연주했다. 한국과 수교한 국가에서 수교 기념식이 있을 때마다 초청되는 단골 연주가다. 장애인과 비장애인이 음악으로 하나 되는 특별한 하모니를 선보이며 세계 평화와 화합을 염원하는 감동의 무대를 선사하기 때문이다.

목표를 세우고 현실을 파악하고 대안을 마련하면 실행만 남는다. 스스로 실천하겠다는 의지를 다지도록 하려면. 다음 질문을 하면 효과를 거둘 수 있다.

- "구체적으로 무엇부터 실행할 생각인가?"

- "언제부터 실천할 것인가?"

- "실행한다면 기분은 어떨까?"

- "실행과정에서 예상하는 장애물은 무엇인가?"
- "장애물이 나타난다면 어떻게 하겠는가?"

의지력이 떨어질 때의 질문

의지력은 고갈되기 마련이라고 말했다. 의지력이 떨어질 때 도움을 받을 방법은 앞에서 이미 언급했다. 다른 사람에게 이를 강요할 수는 없다. 질문하며 스스로 이겨내도록 격려하고 고갈된 의지력을 충전하도록 해야 한다. 지속적으로 관심을 보이고, 피드백하고, 작은 성공에도 격려와 칭찬을 하면 좋다. 중요한 것은 성공이나 성과보다는 실천하는 과정에서 보이는 변화하고 발전하려는 노력, 수고스러움을 칭찬해줘야 한다. 혹 실패했더라도 스스로 극복하도록 도와야 한다. 이때 던질 수 있는 질문으로는 다음과 같은 것이 있다.

- "계획한 대로 잘 실행하고 있는가?"
- "어려움은 무엇인가?"
- "내가 무엇을 도와줬으면 좋겠는가?"
- "실행에 어떤 장애물이 있는가?"
- "실행을 효과적으로 하려면 무엇이 필요한가?"
- "계획 가운데 수정해야 할 것은 무엇인가?"

질문은 앞으로 나아갈 동기를 주기도 하고, 새로운 인생길을 열어

주기도 하며, 능력을 최고로 발휘할 기회를 주기도 하고, 일의 성과를 높이도록 자극하기도 한다. 아울러 질문은 다른 사람을 설득하는 중요한 수단이기도 하다.

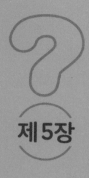

제 5장

질문하며 독서하기

왜 독서를 해야 할까?

"책을 읽으려는 이유가 뭔가요? 책을 읽는다는 게 자신에게 어떤 의미에요?"

작은 사무실 안 넓은 책상을 사이에 두고 라이프 코칭 첫 세션을 받고 있었다. 나는 이 질문에 멈칫했다. 코치는 긴 침묵을 깨지 않고 기다렸고 잠시 후 나는 입을 열었다.

"책을 읽으면 당연히 좋은 거 아닌가요? 책을 읽으면 도움이 된다고 배웠고, 책을 읽어야 한다고만 생각했지 그게 저에게 어떤 의미인지는 생각해 본 적이 없어요."

그날 내가 발견한 독서의 이유는 지식이나 지혜, 유희가 아니었다. 변화가 필요했다. 새로운 꿈과 목표를 찾는 데 필요한 방법이 책 말고는 아는 게 없었다. 책이 유일한 돌파구였다. 독서에 나만의 목표가 생기고 방향이 정해지고 나니 독서는 '시간이 없지만 해야 할 것 같은 숙제'에서 '의미 있는 유희'가 되었다.

매년 새해 목표로 성실하게 올라가는 목록 중 하나가 영어 공부다. 영어 공부를 해야 한다고 말하는 지인이 많다. 영어 공부를 우선순위의 상위 부분으로 올리고 조금이라도 실천하도록 하는 방법은 명확한 목표를 세우는 것이다. 마음 깊은 곳의 욕구와 만나는 목표를 찾으면 구체적인 방법이 나오고 실행하기가 쉬워진다. '영어를 잘 하고 싶다'는 모호한 목표보다는 '내년 여름, 베트남 다낭에서 당당하게 음식을 주문하고 싶다'와 같은 구체적인 목표, 그래서 자신감 있는 사람이 되고 싶다는 열망을 찾으면 최소한 음식을 주문하는 문장과 베트남 음식 종류는 찾아보게 된다. 그렇게 하면 한 발 한 발 나아갈 수 있다.

독서도 마찬가지다. 왜 이 책을 읽으려 하는지, 혹은 독서를 하고자 하는 궁극적인 목적과 방향이 무엇인지, 그 목표를 이루었을 때 얻고 싶은 가치가 무엇인지, 자신에게 질문을 던져 보자. 어릴 때부터 부모님과 선생님이 우리에게 독서를 강조했던 이유에서 벗어나 지금 내가 독서를 결심한 이유를 찾아보자. 다음과 같은 질문으로 말이다.

- "이 책이 나에게 주는 유용함은 뭘까?"
- "내가 이 책에 끌린 이유가 뭐지?"
- "나는 이 책에서 얻고 싶은 게 뭐지?"
- "책을 읽는다는 게 궁극적으로 내게 어떤 의미가 있을까?"
- "독서라는 사다리를 타고 내가 가고자 하는 방향이 어디지?"

- "내가 원하는 만큼 독서를 한다면 나는 어떻게 되어 있을까?"
- "내가 독서를 통해 진심으로 바라는 가치는 뭐지?"
- "독서를 하는 나는 어떤 사람이 되고 싶은 걸까?"

이렇게 던진 질문에 가장 나다운 답을 찾고, 독서를 하는 자신만의 목적을 세우면 독서는 즐거움이 되고 삶에 획기적인 영향을 주는 마중물이 된다. 독서를 하는 나만의 이유를 발견하고 나면 이제 책이 나를 찾는다. 주변 사람들과 얽혀 있는 복잡한 관계의 실타래를 풀고, 마음의 여유와 안정을 찾고 싶은 목표를 가지고 도서관에 가거나 책 소개 글이나 영상을 본다면, 그 책이 나를 부르는 소리가 들린다.

그러면 내 염원을 채워 줄 책이 나를 찾아온다. 책을 읽을 수밖에 없는 나만의 열망을 안고 서점에 가면 그때 책이 나에게 다가온다. 내 열망을 채울 바로 그 책이 나를 반기며 유혹한다. 인생 책을 만날 시간이 오는 것이다.

"어느 날 한 권의 책을 읽었다. 그리고 나의 인생이 송두리째 바뀌었다."

노벨 문학상 수장자 오르한 파묵이 《새로운 인생》에 쓴 이 첫 구절은 바로 이런 순간을 말하고 있는지도 모른다. 인생을 송두리째 바꿀 책을 만나는 '준비된 우연'을 만드는 첫 번째 질문은 바로 이것이다.

'나는 왜 책을 읽으려고 하는가?'

조용한 장소에서 잠시 책을 덮고 이 질문에 답을 찾아보자.

책 속에 길이 있다

책을 읽으면 무엇이 좋을까? 나는 사춘기를 건너면서 지속적으로 책을 읽었다. 책 속에서 공감한 기억이 좋은 감정으로 남아 있기 때문이었다. 표현하기 힘든 감정이나 삶에서 느낀 모호한 깨달음을 정돈된 문장으로 만나는 순간, 반가운 친구를 만난 듯 기쁘고 신이 났다. 비웃음이 두려워 친구들과 나누지 못한 내밀한 고민이나 독특한 생각을 책과 나누었다. 신기하게도 비슷한 생각을 하는 작가들이 그때마다 꼭 나타났다. 모호함을 후련하게 해소하고 개운함을 다시 느끼고 싶을 때, 내 언어가 메말라 정서도 말라가는 듯 답답할 때, 나를 대변해 줄 누군가가 필요할 때 서점에 갔다. 서점에서 제목만 읽어도 재미있었다. 독서가 위안을 주었다.

40년 가까이 대학과 대학원에서 국어 문학 교육과 독서 이론을 가르쳐온 한상무 교수는 《책을 읽으면 왜 뇌가 좋아질까? 또 성격도 좋아질까?》에서 왜 독서를 해야 하는지 다음과 같이 말했다.

"독서는 독자의 정신을 자극함으로써 뇌의 신경 체계에 새로운 뉴런들과 무수한 신경 연결들을 창출함으로써 뇌의 구조와 기능을 변화, 발달시킨다. 이런 뇌의 변화와 발달을 통해 높고 깊은 수준의 사고를 가능하게 함으로써 독서는 세계에 대한 우리의 지각을 변화시키고, 현실을 체험하고 구성하는 방식을 변화시킨다."

이 책은 제목만 봐도 책을 읽으면 무엇이 좋은지 알 수 있다. 이 책은 디지털 기기에 의존하며 살아가는 시대에 독서가 왜 중요한지 뇌인지 신경과학 이론으로 증명했다. 서구 뇌 과학자들이 뇌신경 영상술로 밝힌 많은 연구 성과를 제시하면서 독서를 하면 우리 뇌가 어떻게 변화하는지 단계별로 정리했다. 즉, 뇌를 더 똑똑하게 만들고 성격도 좋아진다는 것이 뇌 과학이 증명한 독서의 힘이다.

위대한 독서광의 성공 이야기를 담은 《독서불패》에는 세종, 나폴레옹, 링컨, 정약용, 에디슨, 헬렌켈러, 모택동, 김대중, 박성수, 오프라 윈프리, 황희, 벤저민 프랭클린, 연암 박지원, 레프 톨스토이, 헤르만 헤세, 호르헤 보르헤스, 버락 오바마와 같은 17명의 위인이 등장한다. 이들은 모두 어릴 때 저능아거나 학교에서 쫓겨났거나 비참한 어린 시절을 보냈지만 모두 독서광이었고, 그들이 성공한 유일한 이유는 독서였다고 이 책은 강조한다. 에디슨이 디트로이트 도서관 맨 아래 칸 왼쪽부터 맨 윗줄 오른쪽까지 도서관을 통째로 읽었다는 일화는 유명하다.

MBK파트너스의 김병주 회장은 최근 서울시에 도서관 건립을 위해 사재 300억 원을 기부했다. 이는 서울시 기준으로 가장 많은 개인 현금 기부로 알려졌다. 김병주 회장은 인수·합병(M&A) 업계에서 '냉철한 승부사', '미다스의 손'이란 평가를 받고 있다. MBK파트너스의 운용자산 규모는 약 28조 원에 달한다. 서울시는 예우 차원에서 도서관 이름을 '서울시립 김병주도서관'으로 명명하기로 했다. 김병주 회장이 도서관 건립에 거액을 기부한 이유가 궁금하지 않은가?

초등학교 6학년 때 혼자 미국으로 유학을 갔을 때 김 회장은 동네 도서관을 이용하면서 책과 사랑에 빠졌다. 학교를 마치면 매일 2~3시간씩 도서관에서 책과 함께 시간을 보냈다. 미국에 도착해 영어를 한마디도 못했는데 미국 문화와 영어를 배울 수 있는 공간이 도서관이었다. 도서관이 공부방이자 놀이터였던 셈이다. 혼자 책을 읽으며 영어를 배웠고, 역사·정치·스포츠 등을 익혔다. 대학에서 영문학을 전공하고 소설책 출간을 결심한 것도 책을 좋아했기 때문이다. 도서관의 소중함을 절감한 김 회장은 언젠가 성공하면 모국에 도서관을 세우고 싶다는 꿈을 가졌다. 그 후 미국 월가 근무와 MBK파트너스 설립을 통해 억만장자로 올라선 그는 미국 이민 46년 만에 그 꿈을 실천했다.

존 스튜어트 밀의 《자서전》을 인용하며 이지성은 《리딩으로 리드하라》에서 인문고전을 읽고 사색하는 과정에서 다음과 같이 뇌가 변한다고 강조했다.

"인문고전 독서는 두뇌에 특별한 기쁨을 가져다 준다. 물론 처음에는 고되다. 이루 말할 수 없이 힘들고 어렵다. 단어 하나, 문장 하나를 이해하지 못해 진도가 일주일 또는 한 달씩 늦어지는 경우가 다반사다. 하지만 어느 지점을 넘기면 고통은 기쁨으로 변한다. 인류의 역사를 만들어온 천재들이 쓴 문장 뒤에 숨은 이치를 깨닫는 순간, 두뇌는 지적 쾌감의 정점을 경험하고 그 맛에 중독된다. 그리고 서서히 변화하기 시작한다. 뻔한 꿈밖에 꿀 줄 모르고 평범한 생각밖에 할 줄 모르던 두뇌가 인문고전 저자들처럼 혁명적으로 꿈꾸고 천재적으로 사고하는 두뇌로 바뀌기 시작한다."

인문고전 독서교육으로 지적 능력뿐 아니라 행복한 사람으로 살아가도록 인성까지 갖춘 유명한 위인이 있다. 바로 칼 비테 주니어다. 아버지 칼 비테는 독일 시골 마을 목사였다. 그는 발달장애로 태어난 아들 칼 비테 주니어를 천재로 키우기 위해 인문고전 독서교육을 선택했다. 칼 비테 주니어는 아버지의 분명하고 확고한 교육철학과 사랑으로 10세에 대학을 입학하고, 13세에 철학 박사학위를 받았다. 아버지의 교육법을 정리해《칼 비테 공부의 즐거움》이란 책을 썼으니, 칼 비테 교육법은 자식이 인정한 최고의 교육법이라고 할 수 있다.

독서하는 뇌와 TV 보는 뇌

"요즘 검색만 하면 다 나오는데 꼭 책을 읽어야 하나요?"

북튜버는 책 한 권을 5분 안에 정리해서 영상으로 보여준다. 오디오북은 책 한 권을 한 시간 분량으로 요약해서 읽어준다. 이런 스마트한 시대에 몇 시간씩 걸리는 책을 완독하라고 하면 시대에 뒤떨어진다고 여길지도 모른다.

함께 공부하던 코치를 만났을 때 들은 이야기다. 시간 개념도 없고, 덤벙거리고, 잘 까먹고, SNS로 친구들과 실시간 소통하는 게 일상인 평범한 중학교 2학년 여학생을 코칭했단다. 관심이 다른 곳에 있는 것처럼 보였던 아이가 어느 날 시간도 잘 지키고, 코칭 대화에 집중하고 대답도 잘 해서 정말 신기했단다. 한 달 정도 그러더니 다시 옛날 패턴으로 돌아가 이유를 곰곰이 생각해보았더니 아이에게 있었던 유일한 변화는 휴대폰이 고장 난 것뿐이었고 한다. 코치는 아이가 대화에 집중했던 이유가 스마트폰 때문이었다고 강하게 주장했다. 코치는 이후 아이에게 2G 폰으로 바꾸고 폰 사용을 줄이도록 했더니 다시 집중하는 걸 경험했다고 한다.

나도 비슷한 경험이 있다. 강제로 폰을 내려놓고 독서에 집중해 보려는 노력을 해본 적이 있었다. 책을 읽다가 잘 모르거나 궁금한 내용을 바로 휴대폰으로 검색하던 습관이 있어 처음에는 무척이나 답답했다. 정말 숨이 넘어갈 듯 참기가 힘들었다. 하지만 그 답답함을 몇 번 참고 나니 모르는 걸 검색하는 대신에 그것을 깊이 생각하게 되었다. 휴대폰을 멀리하면 책을 읽으며 깊은 사색에 빠진다는 말이 사실이었다.

단순히 읽기만 하는 수동적인 독서나 원하는 정보를 빠르게 검색하는 읽기는 소모적이다. 잠시 뇌의 기억에서 머물다가 곧 사라진다.

뇌가 중요하다고 여기지 않기 때문이다. 긴 호흡으로 사색하며 읽는 독서는 뇌를 깨우고 뇌의 근육을 만들어 서서히 뇌의 능력을 향상시킨다.

EBS에서 독서하는 뇌와 TV 보는 뇌를 fMRI로 촬영한 영상을 본 적이 있다. TV를 볼 때는 뇌의 극히 일부만 반응하는 반면, 독서할 때는 뇌의 전체 영역이 반응했다. 〈인생학교 정신〉에서도 게임하는 뇌, 텔레비전 보는 뇌, 책 읽는 뇌를 다음과 같이 설명했다.

"게임에 빠진 그 순간에는 감정적인 측면의 느낌이 차단된다는 사실이다. 그래서 나는 일종의 자기암시로 곧잘 이렇게 말하곤 한다. 숫자와 철자 게임도 감정을 차단하는 측면에서는 헤로인, 코카인 같은 A급 마약에 맞먹을 수도 있다고. 적어도 내 경우엔 이런 게임에서 얻는 도파민 자극은 학습적 측면보다는 중독적 측면이 더 강하다. (중략) fMRI로 뇌의 상태를 촬영해보면 소설이나 철학 서적 같은 책을 읽을 때는 뇌의 양쪽 영역이 모두 사용된다. 다시 말해, 읽고 있는 내용에 대해서 감정을 가질 뿐 아니라, 읽고 있는 내용과 이미 알고 있는 것 사이를 연결하기 위해 양쪽 뇌는 더더욱 바빠진다."

흔히 인간을 생각하는 동물이라고 말한다. 동물과 가장 뚜렷이 구별되는 점은 바로 생각 영역이다. 그런데 게임을 하거나 TV를 볼 때는 적어도 그 생각이라는 걸 하지 않거나 덜 한다고 하니, 우리는 책을 읽는 동안 가장 인간답다고 할 수 있다.

독서 효과를 높이려면 어떻게 해야 할까?

독서 효과를 높이려면 '주제별 책읽기'를 해야 한다. '주제별 책읽기'는 같은 주제를 다룬 책을 집중하여 읽는 독서법이다. 작가들이 같은 주제로 책을 쓰더라도 가치관이나 생각에 따라 다른 주장을 하기 때문이다. 그래서 여러 권을 읽어봐야 한 분야의 흐름을 제대로 알게 된다.

환경문제를 다룬 책만 보더라도 보는 시각이 극우부터 극좌까지 다양하다. 해결 방법으로 원시공동체 사회로 돌아가야 한다고 주장하는 사람이 있는 반면, 기술 발달로 해결이 가능하다고 주장하는 사람도 있다. 환경을 걱정하는 마음은 같은데 해결 방법이 다르다는 사실을 알려면 책을 여러 권 읽어야 한다. 한두 권만 읽고 자기 관점으로 정한다면 편협해지기 쉽다. '주제별 책읽기'는 다양한 시각을 지니도록 해준다. 시야가 넓고 다양성을 이해할 줄 알아야 통찰력이 넓은 사람이 된다.

주제와 목적을 품고 책을 읽으려면 먼저 다음과 같은 질문이 필요하다.

- '나의 관심은 무엇인가?'
- '나의 관심과 관련 있는 책은 어떤 책인가?'
- '왜 읽으려고 하는가?'
- '책 속에서 나는 무엇을 배울 것인가?'

목적도 없는 독서는 심심풀이밖에 되지 않는다. 주제별 독서를 하는 사람은 목적을 정하고 그에 맞는 책을 집중적으로 읽는다. 그래야 한 분야에서 전문가가 된다. 다음은 피터 드러커가 독서법에 대해 말한 내용이다.

"나는 남은 오후 시간과 밤 시간을 이용해 공부하기 시작했다. 국제 관계와 국제법, 사회제도와 법률제도의 역사, 일반 역사, 재무 등에 관해 공부했다. 공부를 하면서 차츰 나만의 공부법도 개발하게 되었는데, 나는 지금까지도 그 방법을 이용하고 있다. 나는 3년 또는 4년마다 다른 주제를 선택한다. 그 주제는 통계학, 중세 역사, 일본 미술, 경제학 등 매우 다양하다. 3년 정도 공부한다고 해서 그 분야를 완전히 터득하지는 못하지만, 어떤 것인지 이해하는 정도는 충분히 가능하다. 그런 식으로 나는 60여 년 이상 동안 3년 내지 4년마다 주제를 바꾸어 공부를 계속해 왔다. 이 방법은 나에게 많은 지식을 쌓도록 해주었을 뿐만 아니라, 나로 하여금 새로운 주제와 새로운 시각 그리고 새로운 방법에 개방적인 자세를 취하도록 해주었다. 그도 그럴 것이, 내가 공부한 모든 주제는 각각 서로 상이한 가정을 하였고, 서로 다른 방법론을 사용했다."

독서 효과를 높이고 싶으면 읽은 내용을 '출력'하는 것도 좋다. 써먹어 봐야 오래 기억한다. 책 내용을 정확하게 이해하고 오래 기억하고 싶다면 읽은 책을 다른 사람에게 말이나 글로 설명하면 효과적이다. 전문가로 성장하고 싶다면 책을 읽는 중에도 그 내용을 어떻게 뽑아낼 것인지 생각해야 한다. '출력' 방법으로 가장 쉬운 방법은 독서 일기다. 읽은 책을 기억하려면 매일 읽은 분량만큼 독후감을 쓰는 방법이 가장 좋다. 뜻이 맞는 친구들과 팀을 만들어 독서 토론을 하는 방법도 좋다.

다음은《나를 천재로 만드는 독서법》에 나온 '책을 요약하는 방법'이다. 독서 방법으로 충분히 도움이 될 만하다.

> 1. 제목과 목차, 머리말, 맺음말을 읽는다. 책을 선택하는 일반적인 기준은 '관심과 호기심을 불러일으키는 책인가?', '단번에 읽을 수 있는 책인가?', '베스트셀러가 아니라 내가 정말 원하는 책인가?'이다. 제목과 목차를 보면 어떤 책인지 알게

되고, 머리말과 맺음말을 보면 저자가 전달하고자 하는 핵심을 알 수 있다.

2. 처음부터 끝까지 최대한 빠른 시간 내에 통독하여 줄거리와 개요를 파악한다. 책을 사서 처음 읽을 때는 소설책을 보듯이 가볍고 편안한 마음으로 통독하면 좋다. 통독하면서 어떤 내용이 담겨 있는지 파악하면 된다. 이때 작가가 전달하고자 하는 메시지를 한 문장으로 요약하면 더욱 좋다.

3. 책을 정독하며 중요하다고 생각하는 부분을 표시한다. 정독을 했는지 못했는지 알려면 책을 읽고 난 후 '말이나 글로 표현(설명)이 가능한가?'라는 물음에 답해 보면 안다. 정독하면서 중요한 부분이나 새롭게 알게 된 부분에 색연필로 밑줄을 긋거나 포스트잇을 활용하여 표시한다. 책을 읽다가 아이디어가 떠오르면 책의 여백이나 메모지에 메모해 두는 방법도 좋다.

4. 80/20법칙에 근거해 핵심 내용을 베껴 쓰며 요약한다. 일반적으로 책의 핵심 분량은 전체 분량의 20퍼센트 내외를 차지한다. 요약은 직접 글로 쓰는 방법이 좋으며, 워드 문서로 작성해도 비슷한 효과를 거둔다.

5. 요약한 내용을 다른 사람에게 알리면서 일상에서 활용한다. 일단 요약한 내용은 때와 장소를 가리지 말고 말과 글로써 써먹어야 한다.

6. 블로그나 카페 등 인터넷을 적극 활용한다. 요약한 내용을 블로그, 카페, 페이스북 같은 곳에 올려서 공유하면 좋다.

7. 꾸준한 지속성이 실력이다. 요약하다 보면 힘들고 귀찮을 때가 많다. 대부분 그 순간을 넘기지 못하고 그만두고 만다. 그 순간을 참고 이기면 엄청난 성장과 발전을 경험할 수 있다.

독서할 때 필요한 질문

반복해서 읽으면 책에서 더 많은 것을 얻고 깨달음이 깊어진다. 한 번 본 책의 내용을 100퍼센트 기억하거나 이해하는 사람은 없다. 항상 질문하는 자세로 책을 읽으면 그냥 읽을 때는 보지 못한 것들이 다양하고 유익한 형태로 다가온다. 책이 얼마나 도움이 될지는 어떤 질문을 하느냐에 달려 있다. 책은 지식을 거저 넘겨주지 않는다. 지식을 얻더라도 단편적인 것은 의미가 없다.

책에서 지혜와 통찰을 얻으려면 질문을 많이 하며 읽어야 한다. 책을 읽어도 지혜와 통찰을 제대로 얻어내지 못하는 것은 질문 없이 읽기 때문이다. 질문 없는 독서는 씹지 않고 밥을 먹는 것과 같다. 씹지 않은 음식은 영양소의 흡수율이 떨어진다. 충분한 음식 섭취도 중요하지만 제대로 흡수되도록 잘 씹어야 한다. 책을 읽을 때도 마찬가지다.

질문, 더 깊이 있게 독서하는 방법

독서는 단순한 읽기가 아닌 체험이다. 책 내용에 깊이 빠지면 주인공의 고난에 함께 아파하고, 즐거운 일에 함께 기뻐하며, 책이 전하는 메시지에 깊이 공감하고, 내 이야기를 누가 설명해 주는 것처럼 느끼며 고개를 끄덕이게 마련이다. 와 닿은 문장은 기록해서 두고두고 간직하고 싶은 욕구도 느낀다.

그렇게 책을 읽으며 우리는 경험을 쌓는다. 흔히 독서를 간접 체험이라고 하는 이유다. 책을 읽다 보면 나의 배경 지식과 경험으로 상상하기 때문에 더욱 공감이 가기도 한다. 그래서 재미있게 읽은 소설이 영화로 만들어질 때 실망을 더 크게 느끼는 것이다. 내가 머릿속에 그린 인물과 경험이 다르기 때문이다. 독서를 할 때 이런 간접 체험을 경험하는 것은 매우 중요하다.

그렇다면 어떻게 해야 이런 체험을 좀 더 생생하게 느낄 수 있을까? 질문을 품고 책과 대화를 하며 읽는 연습이 필요하다. 질문을 하며 책과 대화하는 방법은 책을 읽기 전, 책을 읽는 중, 책을 읽고 난 후로 나눌 수 있다. 독서를 하면서 이렇게까지 해야 하나, 그냥 재미로 읽으면 되지 않을까 하고 의문이 생길 것이다. 하지만 질문을 품고 책과 진정으로 대화를 하며 체험하는 경험을 하고 나면, 그냥 읽는 것과는 다른 더 큰 즐거움과 만족감을 느낄 수 있다.

읽기 전 질문

책을 고를 때를 잠시 생각해 보자. 제일 먼저 눈에 들어오는 것이 무엇인가? 정보가 아무것도 없는 상태에서 책을 고를 때는 책 제목과 표지가 제일 먼저 눈에 들어온다. 눈에 띤 책을 읽어 보고 싶은 마음이 들었다면 나도 모르게 그 책에 대한 기대감이 생겼기 때문일 것이다. '이 책을 읽고 나면 이런 정보를 얻을 것이다' 혹은 '이 책을 읽고 나면 이런 걸 얻을 것 같다' 혹은 '이 책으로 나는 이런 변화를 원한다' 같은 것 말이다. 아울러 책을 읽기 전에는 다음과 같은 질문을 던져볼 필요가 있다.

- '책의 표지를 보면서 어떤 생각이 들었는가?'
- '제목을 보면서 어떤 기대가 있었는가?'
- '이 책에서 무엇을 얻고 싶은가?'
- '이 책을 통해 얻고 싶은 도움은 무엇인가?'
- '이 책을 읽고 나면 나는 어떤 변화를 기대하는가?'
- '어떤 스토리가 예상되는가?'
- '이 책과 관련한 내가 알고 있는 배경지식은 무엇인가?'

이 질문에 대한 답을 얻으려 하다 보면, 책의 서문, 목차, 지은이 정보도 궁금해질 것이다. 그러면 책에서 느끼는 첫인상, 이 책에서 얻고 싶은 것, 저자가 전하고 싶은 예상 핵심 메시지를 먼저 기록해 보자.

책의 빈 공간을 활용하거나 독서장을 활용해도 좋다. 책에서 느끼는 첫인상은 읽는 동안에도 내가 이 책을 읽는 이유를 찾아주는 안내자 역할을 한다.

읽는 중 질문

이제 본격적으로 책을 읽어보자. 줄거리만 이해하면서 넘어가면 책을 읽었다는 성취감은 들지만, 책과 대화를 나누고 책에서 체험을 얻기는 어렵다. 책에 깊이 빠져 읽으면 독서는 즐거운 놀이가 된다. 한양대학교 정민 교수가 쓴《다산 선생 지식경영법》에는 다산 정약용의 독서 태도가 나온다. 마치 장난감을 갖고 노는 듯하다.

"이에 여러 가지 예서를 다 거두어 넣어두고 오로지《주역》한 부만 가져다가 책상 위에 얹어 놓고 마음을 쏟아 깊이 탐구하며 밤으로 낮을 이었지요. 계해년 3월부터는 눈으로 보고 손으로 만지며 입으로 읊조리는 것, 마음으로 사색하고 필묵으로 베껴 적는 것에서 밥상을 마주하고 뒷간으로 가고 손가락으로 튕기고 배를 문지르는 것에 이르기까지 어느 것 하나《주역》이 아닌 것이 없었습니다."

책에서 진정한 즐거움을 발견하는 방법은 질문하고 답을 하며 읽는 것이다. 그 첫 단계로 마음에 드는 문장을 찾아 밑줄을 그으면서 읽어보자. 그냥 읽는 것보다 훨씬 책에 가까워지는 느낌이 든다. 처음 책을 읽을 때에는 어떤 문장에 밑줄을 그어야 할지 막연할 수 있다. 그런 때에는 다음의 질문을 품고 책을 읽어보자.

- '감동을 주는 문장은 무엇인가?'
- '나와 비슷한 생각을 말하고 있는 문장은 무엇인가?'
- '나와 반대되는 생각을 말하고 있는 문장은 무엇인가?'
- '이해가 되지 않는 문장은 무엇인가?'
- '재미있는 문장은 무엇인가?'
- '내 경험과 비슷하게 연결되는 문장은 무엇인가?'
- '내가 중요하다고 여겨지는 문장은 무엇인가?'
- '작가가 중요하게 여기는 문장은 무엇인가?'

밑줄을 그은 후에는 책의 여백에 밑줄을 그은 이유를 간략하게 적어 본다. 포스트잇을 활용해도 좋다. 이렇게 나의 이야기와 책의 이야기가 질문을 통해 연결되면, 책은 나에게 새로운 의미가 된다. 책과 소통하고 책을 쓴 작가와 소통하고 책을 통해 나와 소통할 수 있게 된다.

읽은 후 질문

독서는 지식의 통합 과정이다. 지금까지 내가 알던 정보나 지식이 책에서 새롭게 알게 된 지식과 클레이처럼 잘 혼합되어서 새로운 정보로 나에게 남는다. 책을 읽고 난 후 나는 새로운 자신이 된다. 책을 읽고 난 후 다음에 있는 질문을 하며 지식을 통합하는 즐거움을 느껴

보자.

- '저자가 이 책을 통해 말하고자 하는 내용의 관점은 무엇인가?'
- '저자의 표현 방식이나 특색은 무엇인가?'
- '나의 관점은 무엇이었는가?'
- '저자의 생각에 동의하는 부분과 그 이유는 무엇인가?'
- '저자의 생각에 동의하지 않는 부분과 그 이유는 무엇인가?'
- '이 책에서 배운 것을 내 삶에 적용한다면 어떤 작은 실천을 할 수 있을까?'
- '이 책의 내용과 비슷한 이야기를 담고 있는 다른 장르(소설, 영화, 드라마, 만화 등)를 알고 있는 것이 있다면 무엇인가?'

질문은 책 읽는 사람의 상황을 바꿔준다. 근원적인 질문은 원점에서 다시 문제를 바라볼 여유를 제공하며, 근시안적인 사고에서 벗어나 장기적인 문제를 해결하도록 안내한다. 질문을 해야 숨어 있는 답을 찾을 수 있다. 지금 뭔가를 바꾸고 싶다면 우선 질문을 하라.

《호모 부커스》에서는 주자의 책 읽는 법에 대해 소개하고 있다. 이 책의 저자에게 전율을 불러일으켰던 "글을 볼 때는 마치 칼이 등 뒤에 있는 것처럼 해야 한다"는 주자의 말은 나에게도 새로운 각오를 다지게 했다. 또한 "한 번 복용하고 어떻게 병이 났겠는가? 모름지기 복용하고 또 복용하고 여러 번 복용한 뒤에나 약의 효능이 저절로 생기게 된다"는 주자의 말은 책 읽기에 대한 우리의 조급함을 꾸짖고 있다. 아울러 여기서 나온 "여러 학자의 주장을 정밀하게 살펴서 서로 비교하고 아울러 그 옳음을 추구하다 보면 합당하게 분별되는 상태가 저절로 생길 것이다"는 말이야 말로 진정한 책 읽기의 자세를 어느 정도 갈무리한다고 하겠다.

책은 언제든 읽을 수 있다. 외로울 때도 기쁠 때도 책과 여행을 할 수 있다. 책과 여행을 하면 친구들을 만나고, 아름다운 영혼과, 높은 정신과, 거룩한 영혼을 만나게 된다. 그러므로 책을 읽으면 갈 길이 보인다. 길을 알려주는 위인을 만날 수 있고, 여러분이 원한다면 평생 그 위인과 동행할 수도 있다. 책으로만 가능한 일이다. 여러분은 무엇을 하고 싶은가? 어디에 관심이 있는가? 원하는 결과를 얻기 위해 무엇을 할 것인가? 책 속에 답이 있다.

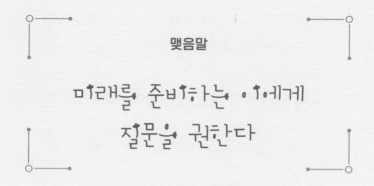

맺음말

미래를 준비하는 이에게 질문을 권한다

질문은 모든 일의 시작이자 출발점이다. 질문이 중요한 이유다. 모든 창조적인 성과들은 모두 질문으로 시작했다. 질문이 있어야 관찰을 하고, 관찰을 하면 또 질문을 하게 된다. 질문을 하면 그동안 보지 못한 것을 보게 되고 미처 생각하지 못한 것을 상상하게 된다. 질문이 관찰을 낳고, 관찰이 상상력을 낳고, 상상력이 창조를 낳는다. 질문이야말로 '성공의 문'에 이르는 문고리를 잡는 것이라고 할 수 있다.

질문 속에 들어 있는 우주만한 잠재력은 그렇게 해서 새로운 역사를 창조한다. 수만 년 전 질문이 없었다면 인간이 돌도끼든 돌칼이든 만들 수 있었을까. 청동기로 도구를 만들고 철로 도구를 만드는 역사의 발전은 모두 "어떻게 하면 더 편리하게 살 수 있을까?" 하는 질문에서 시작했다.

지금도 수많은 발명가들은 이와 같은 질문을 할 것이다. 창조적인 작업을 하는 사람들, 가령 신제품 개발자, 광고 기획자, 작곡가, 미술가, 디자이너와 같은 예술가, 소설가, 발명가들은 수많은 질문을 하며 하나를 진척시키고, 또 질문을 하며 조금씩 최종 목표에 도달한다. 그러다 어느 순간 머릿속이 번쩍거리며 통찰의 순간이 생기면 그동안 깜깜했던 모든 것이 전깃불처럼 환해지며 또 한 번 새로운 역사를 창조한다.

질문은 나를 바꾸는 촉매다. 어느 위인이라도 자기 자신에게 질문하지 않았다면 역사에 이름을 남기지 못했을 것이다. 우주와 영혼을 향한 질문이 없었다면 종교도 탄생하지 않았을 것이다. 사물에 호기심 어린 질문이 없었다면 과학과 학문의 진보도 없었을 것이다. 미래를 향한 질문과 거침없는 도전 정신이 없었다면 우리의 입에 오르내리는 수많은 영웅들도 범부로 잊혀졌을 것이다. 질문은 이렇게 우리 내면 속으로 헌걸찬 능력을 불어넣어 준다. 그래서 질문은 위대하다.

참고 도서

- 《경청》, 조신영, 박현찬 지음, 위즈덤하우스, 2007.
- 《경험의 함정》, 로빈서호가스외 1인, 정수영 옮김, 사이, 2021.
- 《교양인을 위한 고전 리더십》, 오정환 지음, 호이테북스, 2018.
- 《관찰의 기술》, 양은우 지음, 다산북스, 2013.
- 《긍정심리학》, 마틴 셀리그만 지음, 김인자 옮김, 도서출판 물푸레, 2006.
- 《나는 누구인가》, 리하르트 다비트 프레히트 지음, 백종유 옮김, 21세기북스, 2008.
- 《네 안에 잠든 거인을 깨워라》, 앤서니 라빈슨 지음, 이우성 옮김, 씨앗을 뿌리는 사람들, 2017.
- 《립잇업》, 리처드 와이즈먼 지음, 박세연 옮김, 웅진지식하우스, 2013.
- 《몰입의 경영》, 칙센트 미하이 지음, 심현식 옮김, 황금가지, 2007.
- 《보도 섀퍼의 돈》, 보도 섀퍼 지음, 이병서 옮김, 에포케, 2011.

- 《보살핌》, 셸리 테일러 지음, 임지원 옮김, 사이언스북스, 2008.
- 《사회지능》, 대니얼 골먼 지음, 장석훈 옮김, 웅진지식하우스, 2006.
- 《삶을 변화시키는 질문의 기술》, 마릴리 애덤스 지음, 정명진 옮김, 김영사, 2007.
- 《성공, 질문으로 승부하라》, 오정환 지음, 호이테북스, 2009.
- 《성공하는 사람들의 8번째 습관》, 스티븐 코비 지음, 김경섭 옮김, 김영사, 2005.
- 《선택의 힘》, 팻 크로스 외 지음, 안진환 외 옮김, 스테디북, 2007
- 《스위치》, 칩 히스, 댄 히스 지음, 안진환 옮김, 웅진지식하우스, 2010.
- 《앞쪽형 인간》, 나덕열 지음, 허원미디어, 2008.
- 《애스킹》, 테리 J.파뎀 지음, 김재명 옮김, 쌤앤파커스, 2009.
- 《얼굴의 심리학》, 폴 에크먼 지음, 이민아 옮김, 바다출판사, 2006.
- 《열정과 기질》, 하워드 가드너 지음, 임재서 옮김, 북스넛, 2007.
- 《0.1그램의 희망》, 이상묵, 강인식 지음, 랜덤하우스코리아, 2008.
- 《50세, 빛나는 삶을 살다》, 에릭 뒤랑 지음, 이세진 옮김, 에코의 서재, 2008.
- 《위대한 반전》, 플립 플리펜 지음, 신중영 옮김, 랜덤하우스, 2008
- 《육일약국 갑시다》, 김성오 지음, 21세기북스, 2016.
- 《인문의 숲에서 경영을 만나다2》, 정진홍 지음, 21기북스, 2008
- 《인생을 바꾸는 자기 혁명, 몰입》, 황농문 지음, 랜덤하우스.2008.
- 《종이 위의 기적, 쓰면 이루어진다》, 헨리에트 앤 클라우저 지음, 안기

순 옮김, 한언 2004.

- 《질문리더십》, 마이클 J.마쿼드 지음, 최요한 옮김, 흐름출판, 2006.

- 《질문의 7가지 힘》, 도로시 리즈 지음, 노혜숙 옮김, 더난출판사, 2016.

- 《추사에 미치다》, 이상국 지음, 푸른역사, 2004.

- 《커리어 코칭 입문》, 박윤희 지음, 시그마북스, 2012.

- 《코칭리더십》, 존 휘트모어 지음, 김영순 옮김, 김영사, 2019.

- 《크리에이터 코드》, 에이미 윌킨슨 지음, 김고명 옮김, 비즈니스북스, 2015.

- 《타임 패러독스》, 필립 짐바르도 외 지음, 오정아 옮김, 미디어윌, 2008.

- 《탤런트 코드》, 대니얼 코엘 지음, 윤미나 옮김, 웅진지식하우스, 2009.

- 《통찰의 기술》, 신병철 지음, 지형, 2008.

- 《트리플 패키지》, 에이미 추아 외 1명, 이영아 옮김, 와이즈베리, 2013.

- 《프로페셔널의 조건》, 피터 드러커 지음, 이재규 옮김, 청림출판, 2006.

- 《학습된 낙관주의》, 마틴 셀리그만 지음, 최호영 옮김, 21세기북스, 2008.

- 《한국의 고집쟁이들》, 박종인 지음, 나무생각, 2008.